VOGELEIER
UND VOGELNESTER

Vogeleier
und Vogelnester

Mit 88 Farbtafeln

DAUSIEN

VOGELEIER UND VOGELNESTER
Text von Jan Hanzák
88 Reproduktionen farbiger Aquarelle von Přemysl Pospíšil und Miroslav Rada und 88 Federzeichnungen von Antonín Pospíšil
Ins Deutsche übertragen von Peter Zieschang
Graphische Gestaltung von Milan Albich
© 1985 Artia, Praha
Sämtliche Rechte der Verbreitung, einschließlich der Wiedergabe durch Film, Funk, Fernsehen, Fotomechanik und andere technische Mittel — auch in Form von Auszügen — bei Artia-Verlag, Praha
VERLAG WERNER DAUSIEN · HANAU
ISBN 3-7684-2521-5
3/02/10/52-02

INHALTSVERZEICHNIS

VOGELEIER 6
Entstehung Bau und Aussehen der
 Vogeleier 6
Brutpflege 14
Die Aufzucht der Jungen 18
Nestparasitismus 22
VOGELNESTER 25
Material und Bauweise 25
Der Nistplatz 31
Vogelkolonien 35
Brutreviere 37
Bildteil 43
Literaturnachweis 220
Verzeichnis der deutschen Namen 221
Verzeichnis der wissenschaftlichen
 Namen 223

VOGELEIER

Die Vögel unterscheiden sich in der Art ihrer Fortpflanzung wesentlich von den übrigen Wirbeltieren. Wie Lurche und Kriechtiere legen sie zwar Eier, überlassen sie jedoch nicht ihrem Schicksal. Gewöhnlich bergen sie sie in selbstgebauten Nestern. Sie setzen sich auf die Eier und wärmen sie mit dem Körper so lange, bis die Jungen ausschlüpfen. Sie versorgen Eier und Junge und beschützen sie vor Feinden. Auch die ausgeschlüpften Jungen bleiben nicht sich selbst überlassen, wie es bei den niederen Wirbeltieren der Fall ist, sondern die Alten führen sie noch lange Zeit. Sie füttern sie sowohl im Nest als auch außerhalb, bis sie selbständig sind. Bei den Vögeln ist die Pflege der Nachkommenschaft vorbildlich.

Entstehung, Bau und Aussehen der Vogeleier

Alle Vögel vermehren sich durch Eier. Es gibt keine Ausnahme wie zum Beispiel bei den Säugetieren, die zwar in der Mehrzahl lebende Junge gebären, von denen einige aber auch Eier ablegen. Im Unterschied zu den Säugern entwickelt sich also bei den Vögeln der Keim nicht im Körper des Muttertieres, sondern außerhalb nach der Eiablage. Das Ei wird vom Organismus des Weibchens erzeugt. Hier hat es seinen Ursprung und erhält auch seine endgültige Form, Struktur und Färbung. Der Weg, den es im Mutterleib vom Eierstock bis zur Kloake durchläuft, ist nicht lang: es erfährt dabei aber eine Reihe von Veränderungen.

Die Weibchen der Vögel besitzen zwar, wie die Säugetiere auch, paarweise angeordnete Eierstöcke, doch ist der rechte Eierstock fast immer verkümmert. So funktionieren nur der linke Eierstock und der linke Eileiter. Der traubenförmige Eierstock besteht nach der Geschlechtsreife aus einer großen Anzahl von Eibläschen (Follikeln) in verschiedenen Entwicklungsstadien. Von den Tausenden von Follikeln, die der Eierstock enthält, reifen jährlich nur einige. Jeweils das größte und reifste Follikel platzt und gibt ein großes Ei frei, das zur trichterförmig erweiterten Mündung des Eileiters wandert. Das Ei wird im oberen Teil des Eileiters befruchtet. Der Eileiter verläuft in Schlingen. Neben der schon erwähnten trichterförmigen Mündung gliedert er sich in vier Abschnitte, deren Wände aus einem Flimmerepithel bestehen. Dieses Epithel enthält zahlreiche Drüsen, die vor allem im vorderen Teil des

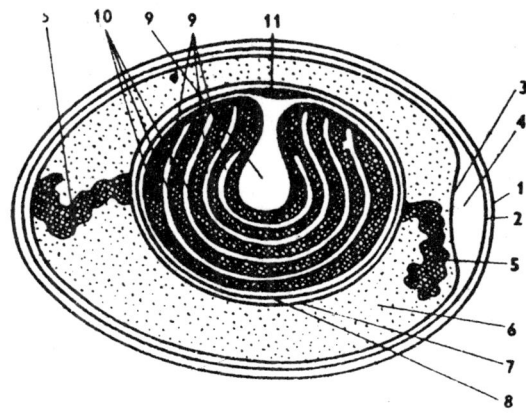

1 *Aufbau des Vogeleies*
1 — *Schale,* 2 — *äußere Schicht der Membrane,* 3 — *innere Schicht der Membran,* 4 — *Luftkammer,* 5 — *Chalazen,* 6 — *Eiweiß,* 7 — *Innere Schicht des flüssigen Eiweißes,* 8 — *Dotterhaut,* 9 — *Weißer Dotter,* 10 — *gelber Dotter,* 11 — *Auge*

Eileiters liegen, dort, wo sich das Eiweiß um das eigentliche Ei bildet. Im nächsten Abschnitt wird das vom Eiweiß eingeschlossene Ei mit einer Schalenhaut umhüllt. Der dritte Teil des Eileiters sondert nochmals sehr flüssiges Eiweiß ab, das durch die Schalenhaut ins Ei eindringt, und schließlich wird die Eischale gebildet, die dem Ei die endgültige Gestalt verleiht.

Der unterste, vierte Abschnitt des Eileiters bildet noch eine bestimmte Menge Schleim, der die Austreibung des fertigen Eies durch die Kloake ermöglicht. Im Eileiter wird das Ei durch fortlaufende, peristaltische Muskelbewegungen transportiert. Die Eihüllen werden sehr rasch ausgebildet; so erhält zum Beispiel das Hühnerei innerhalb eines Tages seine endgültige Gestalt.

Damit wäre die Entstehung des Vogeleies erklärt. Zu beschreiben ist jetzt noch sein Bau. Der wesentliche Bestandteil des Vogeleis, der Dotter mit der Keimscheibe, ist eigentlich eine einzige Eizelle, die größte, die man bei den Wirbeltieren kennt. Bei großen Vögeln wird sie einige Zentimeter groß. Der

Dotter besteht aus zwei konzentrisch angelegten Schichten, dem weißen und dem gelben Dotter. Der weiße Dotter füllt auch die Mitte des Dottersacks und zieht sich bis zur Keimscheibe hin. Während der Entwicklung furcht sich nun diese Keimscheibe, die dann den Keim bildet. Der übrige Dotter wird allmählich als Nahrung vom Keimling verbraucht. Die Keimscheibe liegt in der einen Hälfte des Eies, dem animalen Pol. In der anderen Hälfte, dem vegetativen Pol, häuft sich der Nährdotter. Der Dotter wird von der Dotterhaut umhüllt.

Das Eiweiß des Vogeleis bildet drei Schichten, von denen die äußere, dünnflüssige, direkt unter der Schalenhaut verteilt ist. Die mittlere Schicht ist dichter und die innere Eiweißschicht, die der Dotterhaut anliegt, ist wiederum flüssiger. Im dichten Eiweiß liegen Chalazen, spiralförmig gedrehte Eiweißfasern, die von den Polen des Dotters zur Schalenhaut verlaufen. Sie enden jedoch frei im Eiweiß, wodurch sie Erschütterungen der Dotterkugel dämpfen und sie beim Drehen des Eies in ihrer zentralen Lage halten.

Der animale Pol dreht sich beim Wenden des Eies immer nach oben, denn der Schwerpunkt des Dotters liegt im vegetativen Pol. Dotter und Eiweiß sind von der farblosen, durchscheinenden Schalenhaut umschlossen, die aus zwei Schichten besteht. Diese beiden Schichten liegen am stumpfen Ende des Eies nicht aufeinander und bilden so zwischen sich eine Luftkammer, die sich durch Austrocknen des Eies beim Brüten vergrößert.

Das gesamte Ei wird von einer porösen Schale abgeschlossen, deren Grundsubstanz aus kohlensaurem Kalk (Kalziumkarbonat) besteht. Die Schale weist eine große Zahl Poren auf. Beim Haushuhn-Ei sind es ungefähr 7000; sie sind einfach geformt. Das Straußenei hat dagegen verzweigte Poren. Durch die Poren tritt Sauerstoff in das Ei ein und Kohlendioxid, das bei den Lebensprozessen im Ei entsteht, wird ausgeschieden.

Da die Jungen der Säugetiere normalerweise mit dem Kopf nach vorn geboren werden, könnte man annehmen, daß auch das Ei mit dem stumpfen Ende zuerst aus der Kloake austritt. Diese einfache Annahme gelangte als Tatsache in einige Bücher. Man stellte jedoch fest, daß zumindest beim Haushuhn das Gegenteil der Fall ist. In 84 % aller Fälle wurde das Ei mit dem spitzen Ende nach vorn gelegt. Es besteht auch kein Grund zu der Annahme, daß es bei den freilebenden Vogelarten anders sein soll.

Vogeleier sind sehr verschieden gefärbt. Es gibt weiße, einfarbige oder verschiedenfarbig gezeichnete Eier. An der Färbung sind zwei Farbstoffe beteiligt: Oozyan, ein Derivat des Gallenfarbstoffs, und Protoporphyrin, ein Derivat des Blutfarbstoffes. Während Oozyan bei der Entstehung der blauen und grünen Töne in der Grundfärbung wirksam ist, dient Protoporphyrin zur Bildung der Flecken oder auch der Gesamtfarbe. Manchmal enthalten aber auch reinweiße Eier Protoporphyrin.

In diesem Buch wird oft der Ausdruck „Schalenober- und -unterflecken" verwendet. Wir können beim Betrachten eines Eies feststellen, daß einige deutlich gefärbte Flecken die Oberfläche der Schale bedecken, während andere Flecken tiefer liegen und weniger deutlich sind. Die Flecken auf der Oberfläche nennt man Oberflecken, die tiefer in der Schale liegenden Unterflecken. Es geschieht oft, daß die Flecken der oberen Schalenteile die Flecken unterer Schichten überdecken. Hier zeigt es sich, daß die Farbstoffe bei der Ausbildung der Schale im Eileiter nacheinander eingelagert werden.

Einige Vogelarten legen Eier, deren Oberfläche mit einem besonderen, kreidigen Überzug bedeckt ist, der die Schale völlig oder nur teilweise einhüllt. Dies finden wir bei den Kormoranen, Pelikanen, Flamingos und Baßtölpeln.

Bei einigen Vögeln verändert sich die Farbe der Eier während des Nistens. So legt zum Beispiel der Haubentaucher schöne blauweiße Eier, die sich dann aber durch die faulenden Teile der Wasserpflanzen, aus denen das Nest gebaut ist, allmählich bräunlich färben. Auch die hellen, blaugrünen Eier der Reiherarten verlieren im Laufe des Nistens ihre reine, klare Farbe.

Neben der Färbung sind für die Vogeleier noch andere Merkmale charakteristisch: Form Größe, Struktur und Glanz der Schalen. Bei der Bestimmung eines Eies müssen wir alle diese Merkmale berücksichtigen.

Wenn jemand sagt, ein Stein oder eine Frucht sei eiförmig, dann kann sich jeder darunter etwas vorstellen. Wir können uns aber in jeder größeren zoologischen Sammlung davon überzeugen, daß dieser scheinbar eindeutige Begriff „eiförmig" recht weit gefaßt ist. Der Ornithologe Makatsch unterscheidet in seinem Buch, „Kein Ei gleicht dem anderen" vier Grundformen von Vogeleiern: elliptische, ovale, spitzovale und kreiselförmige. Zwischen diesen Formen gibt es aber eine ganze Reihe von Übergängen und extremen Varianten. Bei einigen Vogelgruppen hängt die Gestalt des Eies von der

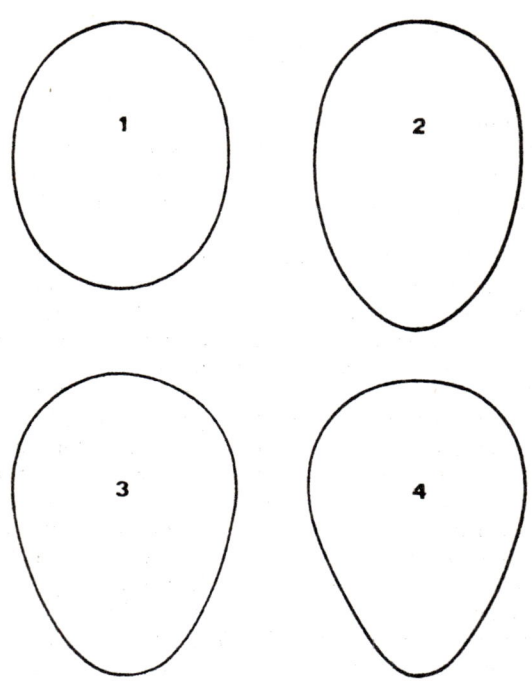

2 Die vier Grundformen des Vogeleies
A — *elliptisch,* B — *oval,* C — *spitzoval,* D — *kreiselförmig*

Beckenform des Weibchens ab. Denken wir an die Größe des Eies, so ist es wohl logisch, daß der größe heute lebende Vogel, der Strauß, die größten Eier legt. Sein Ei wiegt ungefähr 1600 Gramm, und man könnte darin 20 Hühnereier unterbringen. Die kleinsten Eier hingegen finden wir bei den Kolibris, von denen einige Arten zu den kleinsten Vögeln überhaupt gehören und deren Eier 0,25 Gramm wiegen. Beachtlich ist jedoch, daß im Verhältnis zum Körpergewicht die kleinen Vogelarten größere Eier als die großen Arten legen. Beim zierlichen Zaunkönig zum Beispiel erreicht das Eigewicht 13,7 % vom Körpergewicht des Weibchens; beim Strauß dagegen sind es nur 1,7 %.

Man konnte sich bisher noch nicht erklären, warum einige Vögel, es sind die meisten, glanzlose Eier, andere wieder schön glänzende Eier legen (Spechte, Racken, Bienenfresser). Durch besonderen Hochglanz zeichnen sich die Eier der südamerikanischen Tinami (Steißhühner) aus, von denen eine Art sogar schwarze Eier legt. Obwohl Färbung und Art der Fleckung in den meisten Fällen typisch für eine Vogelart sind, variieren sie bei einigen Arten unglaublich stark.

Wer einmal die so unterschiedlich gefärbten Eier der Lachmöve oder Lumme gesehen hat, staunt, daß so etwas überhaupt möglich ist. Bei der Möwe ändert sich nicht nur die Art der Fleckung, sondern auch die Grundfärbung. Überraschend ist auch, daß nahe verwandte Arten völlig verschieden gefärbte Eier aufweisen (Amsel, Drossel), während sie bei der Türkentaube und dem Sperlingskauz schwer zu unterscheiden sind. Beide sind Vertreter systematisch voneinander völlig entferntliegender Vogelordnungen, und doch ähneln sich ihre Eier sehr.

Tarnfarben finden wir nicht nur beim Gefieder, sondern auch bei den Eiern der Vögel. Bei den Vogelarten, bei denen nur die Weibchen brüten, und besonders bei den Bodenbrütern, sind die Vögel durch ihre Färbung gut geschützt. Sie verstecken ihre Eier auch im Gras oder im Unterholz. Die Enten bedecken beim Verlassen des Nestes ihre einfarbigen Eier mit Flaumfedern, mit denen die Nestmulde reich ausgepolstert ist. Die Taucherarten schützen ihre hellen, einfarbigen Eier dagegen mit Nestmaterial; dabei spielt jedoch auch die Wärmeregulierung eine Rolle. Allgemein fehlt die Schutzfärbung der Eier bei den Vogelarten, die keine natürlichen Feinde haben oder die in großen Kolonien nisten, wo die ganze Gemeinschaft für die Verteidigung der Brut sorgt. Auch Höhlenbrüter legen meist weiße oder einfarbige Eier. Ebenso sind die Eier vieler Singvogelarten, die ihre Nester sehr gut verstecken, nicht besonders stark gefleckt. Bei freinistenden Arten sind dagegen die Eier vollkommen ihrer Umgebung angepaßt. Hierzu gehören zum Beispiel die Nachtschwalbe, die ihre Eier frei auf den Boden legt, und auch ein erheblicher Teil der Limikolen, die ihre einfachen Nester oft im ziemlich freien Gelände bauen. Wer einmal das Nest eines Flußregenpfeifers im angeschwemmten Flußkies oder das Gelege des Kiebitzes auf einer Wiese gesucht hat, weiß, daß man lange in der unmittelbaren Nähe des Nestes umhergehen kann, ohne es zu finden.

Die Gelegegröße ist nicht nur bei den Weibchen einer Art konstant, sondern oft bei allen Arten einer systematischen Gruppe. Sie ist abhängig vor allem von der Sterblichkeit der einzelnen Arten, von der Zahl ihrer natürlichen Feinde und auch vom Durchschnittsalter der betreffenden Vogelart. In der Regel legen Vögel, die viele natürliche Feinde haben, bei denen also die Verlustquote sehr hoch ist und die dazu nicht sehr alt werden, mehr Eier als Arten, die länger leben. Nestflüchter legen gewöhnlich mehr Eier als Nesthocker. Ein einziges Ei legen die Lummen, einige Alken, große Möwen und Greifvögel. Tauben, Kolibris, Kraniche und Seetaucher haben normalerweise zwei, Sumpfvögel drei bis vier Eier. Die meisten Eier legen einige Hühnervögel, Enten und Sperlingsvögel. Gelege von mehr als 20 Eiern findet man bei Vögeln selten (Strauß, Rebhuhn). Vogelarten, die trotz großer Verluste nur wenige Eier legen, gleichen diesen Mangel dadurch aus, daß sie mehrmals jährlich nisten.

Die jährliche Eiproduktion hängt bei den Vögeln von der Zahl der Eier eines Geleges und der Anzahl der Gelege in einer Saison ab. Hierbei ist die Umwelt ein wesentlicher Faktor. In Jahren mit ausreichendem Nahrungsangebot nisten einige Vögel häufiger und legen durchschnittlich mehr Eier als in Jahren mit wenig Nahrung. Die Kohlmeise kann zum Beispiel unter günstigen Bedingungen 25 bis 30 Eier im Jahr legen; unter ungünstigen Umständen sinkt diese Zahl bis auf ein Drittel ab. Bei einigen Greifvögeln und Eulen hängt die Größe des Geleges stark vom Auftreten kleiner Nagetiere ab. Das betrifft vor allem Vögel, die im hohen Norden leben und auf das Gedeihen der Lemminge angewiesen sind (Schnee-Eule, Rauhfußbussard). Bei der Schleiereule verlängert sich in den Jahren, in denen es übermäßig viele Feldmäuse gibt, die Nistperiode, und sie hat mehr Junge.

Beim Verlust der Eier oder der Jungen werden bei den Weibchen der meisten Arten die Eierstöcke wieder aktiv, so daß ein weiterer Follikel heranreift. Es kommt erneut zur Balz, erneut regt sich der Nestbautrieb, und der Vogel legt ein sogenanntes Ersatzgelege. Auch bei mehreren Verlusten können die Vögel weitere Ersatzgelege produzieren. Aber nicht alle Vögel sind in der Lage, wiederholt zu brüten. Entfernt man die Eier in der Ablagezeit, kann man erreichen, daß der Vogel unaufhörlich weitere Eier legt. Das Weibchen kann wahrscheinlich durch den Seh- oder Tastsinn die Eiermenge wahrnehmen und auf deren Unvollzähligkeit reagieren. Beim

Haushuhn und einigen Enten findet man den klassischen Fall, wo der Organismus zur erhöhten Eierproduktion provoziert wurde. Beim Haushuhn hat man zum Beispiel erreicht, daß es auch dann Eier legt, wenn man ihm die Eier nicht regelmäßig abnimmt. Jährlich 300 Eier sind keine Seltenheit. Die Fähigkeit, neue Eier zu legen, wenn sie dem Vogel regelmäßig weggenommen werden, hängt von der Anzahl der Follikel ab. So kann zum Beispiel die Dohle 16 bis 35 Eier legen, und das Weibchen der Elster legt so intensiv nach, daß es unter Umständen völlig entkräftet stirbt. Beim Verlust der Brut benutzen die Vögel für das Ersatzgelege im allgemeinen neue Nester, denn gleichzeitig mit der erneuten Tätigkeit der Keimdrüsen muß auch der Nestbautrieb befriedigt werden. Grundsätzlich gilt, daß die Vögel das Gelege um so sicherer ersetzen, je weniger es angebrütet ist. Das Ersatzgelege ist gewöhnlich kleiner als das verlorene.

Die Frage, in welcher Jahreszeit die Vögel nisten, kann nicht eindeutig beantwortet werden, denn das hängt vor allem von der geographischen Lage des Nistplatzes ab. In unseren Breiten ist der Wechsel der Jahreszeiten stark ausgeprägt; so schließt zum Beispiel der Winter durch seine Temperaturverhältnisse und den dadurch bedingten Nahrungsmangel eine Aufzucht der Jungen völlig aus. In den Tropen herrschen andere und im ganzen günstigere Bedingungen und trotzdem werden auch dort bestimmte Regeln eingehalten. Jede Art hat in bestimmten Gebieten ihre begrenzte, arttypische Nistzeit, die mit den optimalen Bedürfnissen für Entwicklung und Aufzucht der Jungen übereinstimmt. Vögel, die zum Brüten und zur Aufzucht der Jungen längere Zeit brauchen, beginnen eher zu nisten als Vögel, bei denen diese Periode kürzer ist. So beginnt zum Beispiel in Südeuropa der Bartgeier, der 56 Tage brütet, schon im Januar seine Eier zu legen. Die Jungen sind noch im September auf die Eltern angewiesen. Ähnlich ist es bei einigen großen Greifvögeln. In Mitteleuropa nisten die meisten kleineren Vögel von April bis Juni. Vögel, die in der Heimat überwintern, nisten in der Regel früher als die Zugvögel. Bei später zurückkehrenden Vögeln verschiebt sich natürlich auch die Nistzeit erheblich.

Die Vögel des Nordens haben nur einige Wochen Zeit zum Nisten und zur Aufzucht der Jungen, denn einerseits kehren sie erst spät an ihre Nistplätze zurück und andererseits beginnt dort der Frühling später. Sie passen sich an die Verhältnisse dieser Breiten dadurch an, daß sie den Nistplatz schon gepaart und mit aktiven Keimdrüsen erreichen. In England, das unter dem Einfluß des warmen Golfstroms steht, nisten die Vögel durchschnittlich früher als in Mitteleuropa, und die Nistdauer ist erheblich länger. Einige Singvögel, wie zum Beispiel der Zaunkönig, nisten dort sogar im Winter.

Das Angebot an Nahrung kann die Nistzeit wesentlich beeinflussen. So legt der Eleonorenfalke des Mittelmeergebiets seine Eier wohl deshalb im August, weil die Inseln in dieser Zeit mit Tausenden von Zugvögeln überfüllt sind.

Der Kreuzschnabel paßt seine Nistzeit der Samenreife der Nadelbäume an. Seine Brut und die Jungen findet man das ganze Jahr über, besonders aber von Januar bis April, wobei sie im März am häufigsten auftreten. In den tropischen Gebieten wird die Nistzeit von der Regenzeit beeinflußt. Die Jungen der meisten Arten schlüpfen am Ende dieser Periode aus und werden in einer Zeit aufgezogen, in der es sehr viele Früchte und Insekten gibt. Vor allem dort, wo Regen- und Trockenzeit nicht so stark ausgeprägt sind, gibt es viele Vögel, die das ganze Jahr über nisten können. Aber auch sie nisten zweimal jährlich zu bestimmten Jahreszeiten. Große Entbehrungen beim Bebrüten seiner Eier muß der antarktische Kaiserpinguin erdulden. Ähnlich wie sein Verwandter, der Königspinguin, verwahrt er seine Eier in einer Hautfalte, einer Art Bruttasche, am Bauch. Nur die geschlossenen Beine verhindern, daß das Ei zu Boden fällt. Die Kaiserpinguine brüten im Dunkel der Polarnacht, im Juni, wenn die Temperatur manchmal bis auf −50 °C fällt. Männchen und Weibchen übergeben sich das Ei, indem sie es entlang der fest aneinanderliegenden Beine rollen. So behüten die Eltern ihr einziges, ziemlich kleines Ei 63 Tage, und es dauert lange, bis das Pinguin-Junge heranwächst.

Brutpflege

Das Bebrüten der Eier ist eine reine Instinkthandlung. Es geschieht so automatisch, daß viele Vögel auch dann noch im Nest bleiben, wenn ihnen die Eier genommen werden. Einige Arten bebrüten sogar verschieden geformte Attrappen.

Bis auf wenige Ausnahmen, bei denen die Eier ohne Aufsicht bleiben, brüten die Eltern oder wenigstens ein Elternteil die Eier aus. Meistens brüten Männchen und Weibchen, und sie lösen sich dabei regelmäßig ab. Oft sitzt aber auch nur das

Weibchen auf dem Gelege. Es kommt auch vor, daß das Gelege nur vom Männchen bebrütet wird; das sind aber Ausnahmen. Die Partner wechseln sich regelmäßig ab bei den Seetauchern, Lappentauchern, Alken, Möwen, Kranichen, Rallen, Tauben, Sperlingen, Teichrohrsängern, Grasmücken usw. Einige Arten lösen sich in kurzen Abständen (sogar viertelstündlich) ab, die meisten jedoch erst nach mehreren Stunden.

Beim Goldregenpfeifer dauert ein solches Intervall einen Tag, das heißt, das Weibchen sitzt einen und das Männchen den anderen Tag auf dem Gelege. Die Geier wechseln sich nach einigen Tagen ab, die Pinguine sogar erst nach 10 bis 28 Tagen. Sehr oft brüten die Männchen weniger als die Weibchen. Zur erfolgreichen Entwicklung braucht der Keim Wärme, die vom Vogelkörper erzeugt wird. Die zur Keimentwicklung nötige Temperatur liegt immer etwas niedriger als die Körpertemperatur der Vögel (38 bis 40 °C). Damit sich die Temperatur des Vogelkörpers besser auf das Gelege überträgt, bilden sich zur Brutzeit in der Bauchgegend der Elternvögel kahle Stellen, sogenannte Brutflecken. Die Federn fallen an diesen Stellen aus oder die Vögel zupfen sie aus. Die Brutflecken sind völlig nackt oder nur locker mit Dunenfedern bewachsen. Die Haut ist stark durchblutet, die Blutkapillaren häufen sich an diesen Stellen zu einem schwammigen Gewebe. Enten haben keine Brutflecken. Ihnen wachsen zur Zeit der Eiablage auf Bauch und Brust besondere Nestdunen, mit denen das Weibchen seine Brut umlegt und damit verhindert, daß zuviel Wärme abgestrahlt wird. Die Brutflecken bilden sich sowohl beim Weibchen als auch beim Männchen, je nachdem wie sich die Tiere am Brüten beteiligen. Sie treten also auch oft bei beiden zugleich auf.

Es ist bekannt, daß die Vögel ihre Eier meist in den Morgenstunden legen. Bei kleinen Arten geschieht das in Intervallen von 24 Stunden. Der Fink benötigt also fünf Tage, um fünf Eier zu legen, und die Kohlmeise 15 Tage für ein 15 Eier umfassendes Gelege. Größere Arten (etwa von Taubengröße) legen durchschnittlich ein Ei in zwei Tagen, große Arten ein Ei in drei bis vier Tagen. Oft ist der Zeitraum zwischen dem Ablegen des vorletzten und letzten Eies größer als der zwischen dem Ablegen der ersten Eier. Manchmal setzt sich das Weibchen schon längere Zeit auf sein Nest, bevor es das erste Ei legt. Im Normalfall sucht es aber das Nest erst zum Legen auf. Die Jungen schlüpfen dann fast in der gleichen Reihenfol-

ge aus, wie die Eier gelegt wurden, wodurch sich manchmal die Jungen in der Größe stark voneinander unterscheiden. Enten, Hühnervögel und viele andere Vogelarten beginnen erst zu brüten, wenn das Gelege vollständig ist. Die Jungen schlüpfen dann in sehr kurzer Zeit zusammen aus und sind annähernd gleich groß. Ein großer Teil der Vögel wiederum setzt sich kurz vor dem Legen des letzten Eies auf das Nest. Es wurde schon erwähnt, daß nicht alle Vögel ihre Eier ausbrüten. Insgesamt sind es aber nur wenige Arten. Da diese Vögel aber besonders interessant sind, wollen wir hier ein wenig näher auf ihre Brutpflege eingehen.
Die in den feuchten Wäldern Australiens und Neuguineas lebenden Großfußhühner unterscheiden sich von allen anderen Vögeln dadurch, daß sie ihre Eier in einer Art Brutanlage bebrüten, so daß eine Berührung mit dem Körper der Eltern nicht nötig ist. Die Männchen dieser Vögel scharren am Nistplatz Waldstreu, in der Blätter, andere Pflanzenteile, Erde und Sand enthalten sind, zu einem Haufen zusammen, in den das Weibchen seine ziemlich großen Eier legt. Wenn es jetzt regnet, beginnen die Pflanzenteile zu gären und entwickeln so eine erhebliche Temperatur, die zur erfolgreichen Entwicklung ausreicht. Die Temperatur in diesen Pflanzenhaufen schwankt zwischen 29 und 36 °C und ist damit ungefähr 10° höher als die Temperatur der Umgebung. Während sich das Weibchen nicht weiter um die Eier kümmert, hält sich das Männchen ständig in der Umgebung der Brutanlage auf, kontrolliert die Temperatur durch Berührung mit nackten

3 *Großfußhuhn auf seinem Nisthaufen, in dem sich die Eier durch Wärme entwickeln, die bei der Verrottung von Pflanzenteilen entsteht*

Stellen des Körpers (Unterseiten der Flügel und Kopf) und scharrt bei Bedarf weiteres Material zusammen. Bei einigen Arten der Großfußhühner legen auch mehrere Weibchen ihre Eier in einen Haufen. Andere Großfußhuhn-Arten nutzen zur Entwicklung ihrer Eier die Wärme vulkanischer Quellen oder von der Sonne durchwärmten Sand aus. Die bereits ausgeschlüpften Jungen bleiben einige Stunden in dieser „künstlichen" Brutanlage. Von allen Jungvögeln sind die frisch ausgeschlüpften Großfußhühner am weitesten entwickelt. Ihre Schwingen sind schon gut ausgebildet, so daß sie bald nach dem Verlassen der Eier kurze Strecken überwinden können. Die Jungen des Waldgroßfußhuhns *(Catheturus lathami)* fliegen schon am zweiten Tag über kurze Strecken; sie sind völlig selbständig und benötigen die Pflege der Eltern nicht.

Auch der afrikanische Krokodilwächter *(Pluvianus aegyptius)* nutzt die Sonne und die Wärme des Sandes zum Ausbrüten seiner zwei Eier. Er scharrt sie ungefähr 10 Zentimeter tief in den Sand und setzt sich nur in der Zeit der stärksten Sonneneinstrahlung darauf, um sie zu beschatten. Das Gelege muß nicht ununterbrochen bebrütet werden. Männchen und Weibchen lassen es manchmal, wenn sie fressen oder ihre Federn ordnen wollen, auch längere Zeit unbeobachtet. Sie entfernen sich sogar viele Stunden weit vom Nest, ohne daß sich das auf die Brut ungünstig auswirkt. Grundsätzlich sind die Eier am Anfang der Brutzeit gegen Wärmeverlust empfindlicher als am Ende. Selbst wenn die Eier für ungefähr sechs Stunden verlassen werden, muß sich das auf die Brut nicht auswirken; liegen sie aber eine ganze Nacht lang verlassen, ist das sehr ungünstig. Eine starke Erschütterung der angebrüteten Eier ist weitaus schädlicher.

Wichtig ist, daß die Eier gewendet werden. Wir können beobachten, daß bei jedem neuen Anflug auf das Nest, oder auch sonst in regelmäßigen Abständen, der brütende Vogel sich auf dem Nest erhebt und die Eier mit dem Schnabel umdreht. Das Haushuhn wendet seine Eier jede halbe Stunde tags und nachts. Bei der Kükenaufzucht in Brutkästen ist das Wenden der Eier ebenfalls nötig, da sonst die Sterblichkeitsquote der Keimlinge steigt.

Die Brutdauer hängt nicht von der Größe des Vogels ab. Der kleine Buchfink brütet zum Beispiel genauso lange wie der Schwarzspecht, nämlich 12 bis 14 Tage. Die Brutdauer ist mehr oder weniger nur bei nahe verwandten Arten von der Größe des Vogels abhängig. Während zum Beispiel der Rabe

21 bis 23 Tage brütet, brütet die Krähe nur 18 bis 20 und die Dohle nur 11 bis 13 Tage. Singvögel benötigen von der Eiablage bis zum Ausschlüpfen 12 bis 18 Tage, Tauben durchschnittlich 17, Hühnervögel 21 und die Adler 34 bis 38 Tage. Ein gewisser Zusammenhang besteht zwischen der Sicherheit der Brut und der Brutdauer. Arten, die an unzugänglichen Stellen nisten und deren Brut weniger gefährdet ist, brüten durchschnittlich länger als Arten, die gefährdeter sind. So brüten Alken, Baßtölpel, Sturmvögel und Albatrosse ziemlich lange. Einige Arten unter ihnen haben Rekorde von bis zu 60 Tagen Brutdauer aufgestellt.

Die Aufzucht der Jungen

Die jungen Vögel kommen ganz ohne Hilfe zur Welt. Es ist jedoch nicht leicht für sie, die Schale aufzureißen. Das geschieht gewöhnlich am stumpfen Pol des Eies mit Hilfe des Eizahnes. Das ist ein hornartiger Höcker, der sich beim Embryo am Ende des Oberschnabels bildet und einige Tage nach dem Ausschlüpfen abfällt. Nur die Spechte tragen ihren Eizahn auf dem Unterschnabel.
Sobald der Eizahn am Ende der Nistzeit die schon dünne Eischale durchstößt, stemmt sich das Junge mit Kopf, Füßen und Flügeln gegen die brüchige Umhüllung, die dann Stück für Stück zerbricht. Das dauert je nach Art einige Stunden bis zu zwei Tagen. Die jungen Tauchenten schlüpfen außerordentlich schnell, manchmal sogar innerhalb weniger Minuten. Vielleicht ist das durch die nasse Umgebung bedingt, in der das Junge ersticken könnte, wenn Wasser in das Ei eindringt. Bei den Nestflüchtern bleiben die Schalen im Nest oder in dessen Umgebung liegen. Bei den Nesthockern werden sie von den Alten entfernt oder aufgefressen, denn ungetarnte, auf der Innenseite helle Schalen könnten Feinde auf die begehrte Beute, die frisch ausgeschlüpften Jungen, aufmerksam machen. Während der Bebrütung verlieren die Eier an Gewicht. Es ist ja bekannt, daß bei der Prüfung des Entwicklungszustandes eines Eies die unbefruchteten Eier im Wasser versinken, während befruchtete und angebrütete schwimmen. Im Durchschnitt ist das neugeborene Junge nur zwei Drittel so schwer wie ein frisches Ei.
Wir können die Vögel je nach der Entwicklungsstufe der Jungen nach dem Schlüpfen in zwei Gruppen einteilen: in Nestflüchter und Nesthocker. Dabei treten aber viele Über-

gangsformen auf. Viele Erscheinungen in der Nistbiologie der Vögel kann man bis heute noch nicht erklären. Ebenso ist es unmöglich zu entscheiden, welche dieser beiden Gruppen ursprünglich ist. Da die Reptilien, die nächsten Verwandten der Vögel, ihre Jungen nicht füttern und die am höchsten organisierten Vögel, die Singvögel, Nesthocker sind, können wir vielleicht annehmen, daß die Nestflüchter ursprünglicher sind.

Als Nestflüchter können wir zum Beispiel die Laufvögel, Hühnervögel, Entenvögel, Trappen und Rallen bezeichnen. Das sind Vögel, die sich überwiegend auf dem Erdboden oder Wasser aufhalten und hier auch nisten. Ihre Jungen verlassen das Nest innerhalb einiger Stunden oder höchstens zwei bis drei Tage nach dem Schlüpfen und sind sehr selbständig. Sie tragen ein feines Dunenkleid, können sich von Anfang an sehr lebhaft bewegen und schwimmen sehr gut, wenn es sich um Wasservögel handelt. Sie suchen sich auch ihre Nahrung selbst, oder die Alten zeigen sie ihnen und legen sie ihnen vor. Nach kurzer Zeit haben sie gelernt, was freßbar ist und was nicht. Die Alten führen ihre Jungen noch lange nach dem Ausschlüpfen, suchen Nahrung für sie, wärmen sie und verteidigen sie gegen Feinde. Bei kühlem Wetter und während der Nacht suchen die Jungen instinktiv unter den Flügeln und in den Federn der Eltern Schutz. Bei jungen Wasservögeln besteht die Gefahr, daß ihr feines Dunenkleid bald durchnäßt wird. Schwäne und Tauchenten bergen deshalb ihre Nachkommen unter den Flügeln und auf dem Rücken und schwimmen so mit ihnen. Die Lappentaucher tauchen gegebenenfalls sogar mit ihren Jungen unter.

Die Dunen der Jungen werden durch die Berührung mit den Federn der Elternvögel so fettig, daß sie genügend lange auf dem Wasser verweilen können. Überrascht man eine Familie der Nestflüchter, so laufen die Jungen sofort auseinander und verstecken sich. Die Weibchen einiger Arten bemühen sich, den Störenfried durch Vortäuschung von Verletzungen oder durch Drohbewegungen abzulenken und wegzuführen. Unter den Vögeln, die in diese Gruppe der Nestflüchter gehören, gibt es Arten, die über dem Boden nisten. Von den Entenarten nistet zum Beispiel die Schellente hoch in Baumhöhlungen oder Nistkästen. Ihren Jungen bleibt dann nichts anderes übrig als mit ihren scharfen Krallen die Wände der Höhlung zur Flugöffnung hochzuklettern und oft viele Meter hinunterzuspringen. Meistens verläuft dieses Kunststück gut. Wie

4 *Unterschied zwischen gleichaltrigen Jungen von Nesthockern (links) und Nestflüchtern (rechts)*

schon erwähnt wurde, gehören die Jungen der Großfußhühner zu den extremsten Nestflüchtern. Sie verlassen kurz nach dem Auskriechen den Bruthaufen und fliegen aus, denn sie sind von der Pflege der Eltern völlig unabhängig.

Ganz anders verhält sich die Mehrzahl der anderen Vögel, der Nesthocker. Ihre Jungen schlüpfen blind. Sie sind hilflos und nackt oder nur wenig mit Flaumfedern bedeckt. Sie sind völlig auf die Eltern angewiesen, die sie die ganze Nestlingszeit und auch noch lange danach fleißig füttern. Der Rachen der jungen Nesthocker ist besonders ausdrucksvoll gefärbt. Seine Form und die Kopfbewegungen der Jungen lösen bei den Eltern den Fütterungsreiz aus. Die Jungen einiger Singvögel besitzen im Rachen sogar einige leuchtende, reflektierende Warzen.

Die Bettelbewegungen der Jungen sind rein reflektorisch und stellen sich ein, wenn in ihrer Umgebung die Intensität des Lichtes sich verändert, eine Erschütterung wahrgenommen wird, ein Schatten auf das Nest fällt oder die Stimmen der Eltern zu hören sind. Der Fütterungsreiz wird bei den Eltern automatisch ausgelöst. Sie lassen sich dazu auch künstlich verlocken, wenn man ihnen eine schematische Attrappe des Rachens ihrer Jungen vorhält. Die Jungvögel benötigen viel Nahrung; die Alten sind also ständig beschäftigt. Die Jungen wachsen sehr schnell, und sie erreichen bei den Singvögeln innerhalb von 14 Tagen das Gewicht von gleich großen Jungen der Nestflüchter und überholen sie bald danach. Während der Fütterungsperiode legen die Vögel ihre Scheu teilweise ab.

Der Aktograph gibt über die Fütterungsleistung der Vögel Auskunft. Dieses Gerät registriert automatisch die Anflüge der Altvögel an die Öffnung der Bruthöhle. Meisen und Kleiber fliegen täglich 350—550mal an und gegen Ende der Nestlingszeit noch häufiger. Der Star fliegt 150 bis 250mal, der Gartenrotschwanz 250—400mal und die Kohlmeise unmittelbar vor dem Ausfliegen der Jungen bis zu 800mal täglich an.

Zu den Nesthockern gehören vor allem die Sperlingsvögel und weiterhin die Mehrzahl der übrigen Vogelordnungen: Ruderfüßer, Greifvögel, Eulen, Taubenvögel, Rackenvögel; allgemein also Vögel, die hoch über dem Erdboden, vor allem auf Bäumen, nisten. Beide Gruppen, die Nesthocker und die Nestflüchter, unterscheiden sich, wenn auch nicht immer eindeutig, noch in anderen Merkmalen. Die Nestflüchter legen größere, dotterreiche Eier, wahrscheinlich, weil ihre Embryonen besser ernährt werden müssen. Bei den neugeborenen Nestflüchtern sind die Sinne weiter entwickelt als bei den Nesthockern. Nesthocker legen relativ weniger Eier als Nestflüchter, was sie jedoch durch mehrmaliges Nisten in einem Jahr ausgleichen. Die Nestflüchter haben dagegen eine zahlreiche Nachkommenschaft, führen sie aber nur einmal jährlich aus. Der Grund hierfür liegt offensichtlich im Mangel an Zeit, denn die Pflege der Jungen dauert bei diesen Vögeln viel länger als bei den Nesthockern. Bei einem zweiten Gelege verbliebe keine Zeit, den Nachwuchs zu überwachen. Die Familien der Nesthocker leben im allgemeinen sehr lange zusammen.

Einige Vögel, wie zum Beispiel Alken, Lummen, Möwen und Seeschwalben, schlüpfen zwar mit einem Dunenkleid aus, bleiben aber lange im Nest, und die Alten füttern sie manchmal sogar noch, wenn sie das Nest verlassen haben. Die Vögel stehen also zwischen beiden Gruppen.

Die Art der Fütterung ist recht verschieden: Einige Vögel übergeben die Nahrung ihren Jungen, andere würgen sie aus dem Kropf ins Nest oder direkt in den Schnabel des Jungen; andere verdauen sie vor oder portionieren sie, wieder andere überreichen den Jungen eine breiige Masse, die vom Kropf ausgeschieden wird. Die geringsten Sorgen haben die Nestflüchter, deren Jungen sich schon frühzeitig die Nahrung

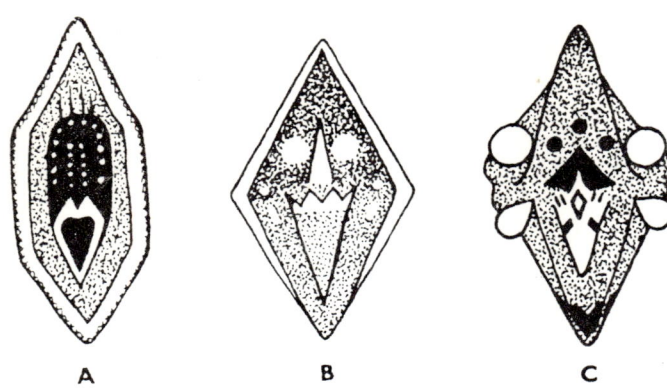

5 *Das Schnabelinnere einiger Nesthocker*
a — *Bartmeise,* b — *Kuckuck,* c — *Amandine mit leuchtenden Papillen am Schnabelrand*

selber suchen. Wohl jeder hat schon gesehen, wie lebhaft sich einige Tage alte Hühnerküken um ihr Futter kümmern.
Die familiären Beziehungen zwischen Altvögeln und Jungen können noch lange nach dem Verlassen des Nestes bestehen. Einige Greifvögel, Gänse, Schwäne, Störche und andere leben noch im folgenden Frühling in Familien. Die kleineren Vögel gehen dagegen bald auseinander; die Alten beginnen zum zweitenmal zu nisten oder leben getrennt von ihren Jungen. Bei diesen Vögeln bestehen keine lang anhaltenden Familienbindungen.

Nestparasitismus

Eine besondere Gruppe von Vögeln zieht die Jungen nicht selbst auf, sondern überläßt Eier und Aufzucht anderen Vögeln. Dieser „Nestparasitismus" ist bei einigen Webervögeln, Honiganzeigern und Kuckucken ausgeprägt und taucht sogar bei einigen Enten auf. Bei den tropischen Kuckucksarten sind verschiedene Stufen des Nestparasitismus bekannt. Einige bauen sich eigene Nester und legen einfarbige Eier; andere legen die Eier in fremde Nester. Ihre Jungen werfen jedoch die Jungen der Pflegeeltern nicht hinaus, wie es unser Kukkuck tut. Der Nestparasitismus ist bei den Kuckucksarten am weitesten verbreitet und am besten bekannt. Das Kuckucksweibchen legt 12 bis 20 und mehr Eier in einer Saison. Sie sind im Verhältnis zur Körpergröße des Vogels auffallend klein, haben aber eine sehr dicke Schale und sind deshalb immer schwerer als die Eier des Vogels, dem sie untergeschoben werden. Bisher kennt man ungefähr 100 Wirtsvogelarten, von denen wir aber nur einige als reguläre Pfleger von Kuckukseiern bezeichnen können. Die Eier der Kuckucke sind in der Färbung so variabel wie kaum andere und entsprechen in den Haupttypen den Eiern ihrer verschiedenen Wirte. Wie schon erwähnt, legen die nicht parasitisch lebenden Kuckucke einfarbige Eier. Auch einige unserer Kuckucke haben solche primitiv gefärbten Eier, die sie Wirtsvögeln mit einfarbigen Eiern unterschieben. Das bedeutet, daß sich im Verlaufe von Generationen bei den Kuckucken bestimmte biologische Rassen entwickelt haben, deren Eier sich in den Farben denen der Wirtsarten angepaßt haben.

Die Mimikry der Kuckuckseier hat sich durch Selektion während vieler Generationen entwickelt. Eier, die ihrem Gelege nicht ähnlich waren, warfen die Wirtsvögel einfach aus dem Nest. Somit starb eine Kuckuckspopulation, die sich daran gewöhnte, ihre Eier ungeeigneten Vögeln unterzuschieben, allmählich aus. Dort, wo die untergeschobenen Eier denen der Wirtsvögel entsprachen, verlief die Entwicklung entgegengesetzt. Die jungen Kuckucke entwickelten sich gut, und die angeborene Eigenschaft, Eier in die Nester bestimmter Vögel zu legen, stabilisierte sich. Allmählich bildeten sich so die biologischen Rassen des Kuckucks heraus, deren Eier denen der Wirtsvögel glichen, und die somit ihre Existenz behaupteten.

Die Eier des Kuckucks sind außerordentlich dickschalig und zerbrechen nicht so leicht, wenn sie das Weibchen nicht behutsam legt oder im Schnabel schnell in ein fremdes Nest trägt. Wenn das Weibchen des Kuckucks sein Ei in das Nest eines fremden, nicht anwesenden Vogels legt, beseitigt es gewöhnlich eines von dessen Eiern und verschluckt es oft.

Eine weitere Form der Anpassung ist bei den Kuckucken die verkürzte embryonale Entwicklung. Das Junge schlüpft nach 12,5 Tagen aus. Die Kuckucke schieben ihre Eier den Wirtsvögeln unter, wenn diese zu legen beginnen. So schlüpft das Junge eher oder gleichzeitig mit den Jungen der Pflegeeltern aus. Ein besonderer Instinkt verhilft dem Kuckucksjungen dazu, daß es im Nest allein und beim Füttern ohne die Konkurrenz seiner Stiefgeschwister bleibt. Das Kuckucksjunge ist an seinem kahlen Nacken besonders empfindlich und wirft alle Gegenstände, mit denen es im Nest in Berührung kommt, seien es nun Eier oder Junge, über den Nestrand hinaus. Es bemüht sich dabei, diese auf dem Rücken zu halten und spreizt sich mit den noch nicht entwickelten Flügeln, mit Schnabel und Füßen an die Nestwände, um den Rücken in die Höhe des Nestrandes zu bekommen und wirft so das Ei oder Junge hinaus.

Der junge Kuckuck wird so zum Mittelpunkt des Interesses seiner Pflegeeltern, die ihn fleißig füttern. Er verbraucht fünf- bis sechsmal soviel Futter wie ein Singvogel und verdoppelt sein Gewicht nach drei Tagen. Ganze fünf Wochen füttern die Pflegeeltern das seltsame Junge, das schließlich viel größer ist als sie selber.

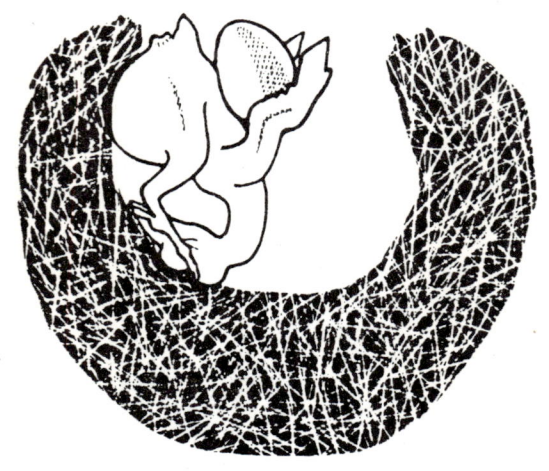

6 *Junger Kuckuck wirft die Eier seines Wirtes aus dem Nest*

VOGELNESTER

Material und Bauweise

Nester zur Ablage der Eier oder für ihre Nachkommen bauen viele Gruppen von Lebewesen, ja sogar Wirbellose. Unter den Wirbeltieren, den Fischen, Amphibien, Reptilien und Säugern finden wir die Fähigkeit, Nester zu bauen, sehr häufig. Die Vögel aber haben diesen Instinkt am stärksten entwickelt; sie gehören zu den besten Baumeistern des Tierreiches. Das Legen von Eiern in ein Nest gehört zu den Besonderheiten der Vogelbiologie. Das Nest dient aber nicht nur zum Brüten und zur Aufzucht der Jungen, sondern spielt im sozialen Leben der Vögel, besonders bei der Paarbildung, eine wichtige Rolle. Das Nest oder seine noch unvollendete Grundlage soll in vielen Fällen ungepaarte Weibchen anlocken und ist auch bei der Balz wichtig. Es bietet nicht nur der Brut zeitweilig Unterschlupf, sondern schützt auch den brütenden Vogel vor Gefahren und ungünstigem Wetter. Vor allem birgt es die Jungvögel, insbesondere die Nesthocker, die lange in ihm verbleiben. Der Nestbauinstinkt hängt eng mit der Entwicklung der Geschlechtsdrüsen zusammen.

Meistens verwenden die Vögel zum Bau ihrer Nester Pflanzenteile, ein Material, das die Natur in ausreichender Menge bietet. Der Vogelgröße entsprechend sind es Äste und Ästchen, die vom Boden rings um das Nest gesammelt werden oder die sich größere Vögel direkt in den Baumkronen brechen. Daneben werden häufig auch Schilfhalme und Blätter verwendet. Das beliebteste Baumaterial aber sind trockene Pflanzenteile, Halme und Stengel, Blätter, Wurzeln, Bast und dünne Rinde. Zu den feinsten Materialien, die gewöhnlich zum Auspolstern der Nestmulde verwendet werden, gehören Moose, Flechten, Samenhaare und Pflanzenwolle wie auch Federn, Borsten, Wolle und Spinnweben.

Größere Vogelarten festigen ihr aus Ästen gebautes Nest oft mit Lehm oder Rasen, so daß nicht nur ein fester, sondern auch schwerer Bau entsteht. So streicht die Singdrossel ihre Nestmulde mit einem Gemisch von Lehm und Holzmulm aus, und der Kleiber verengt mit Hilfe von Lehm die breiten Eingänge seiner Nisthöhle. Er ist jedoch ein primitiver Maurer im Vergleich zu der Rauch- und Mehlschwalbe bzw. zu dem Felsenkleiber, deren Nester aus kleinen Lehmstückchen zusammengeklebt und mit Pflanzenmaterial ausgesteift sind. Ihre Nester können oben offen oder geschlossen sein, können eine einfache Flugöffnung oder eine lange Eingangsröhre besitzen (Felsenkleiber). Darum sehen wir auch im Frühjahr Scharen von Rauch- und Mehlschwalben an den Rändern der Wasserlachen. Einige amerikanische Töpfervögel kleben kugel- oder halbkugelförmige Lehmnester an starke Äste. Diese Nester haben innen einige Kammern, und ihre Wände sind 2,5 bis 4 Zentimeter dick. Das Nest des Töpfervogels wiegt bis zu 4,5 Kilogramm, sein Baumeister lediglich 78 Gramm. Der Mauersegler festigt sein Nest mit Speichel, der an der Luft erstarrt. Die asiatischen Salangane bauen ihre Nester ausschließlich aus erstarrendem Speichel und kleben sie an die Wände von Höhlen. Die Eingeborenen sammeln diese Nester und essen sie als Delikatesse (Schwalbennester). Der Haubensegler — Klicho genannt — befestigt im Geäst der Bäume ein im Verhältnis zur eigenen Körpergröße kleines, für nur ein Ei bestimmtes Nest. Es besteht lediglich aus einer dünnen Schale, die aus Rindenstückchen, Flechten, festen Pflanzenteilen und Speichel besteht.

Die Nestbauweise ist erblich. Es ist also unmöglich, daß die Schwalbe ein Baumnest baut wie der Fink, und daß der Fink ein Lehmnest baut wie die Schwalbe. Die Feldlerche nistet immer am Boden, der Pirol dagegen immer in Baumkronen. Aber bedingt durch äußere Umstände müssen die Vögel manchmal von ihren Gewohnheiten abweichen. So kann man da, wo nicht genügend natürlich Höhlungen vorhanden sind, das Nest des Waldkauzes auf dem Boden finden. Wildenten nisten in Überschwemmungsgebieten oft in hohlen Bäumen oder auf alten Nestern anderer Vögel in den Baumkronen. Eine wichtige Rolle spielt hierbei die geographische Lage. In Mitteleuropa nistet der Falke auf Felsen, in Nordeuropa und Sibirien auf Bäumen und in der Tundra auf der Erde. Ähnlich ist es beim Fischadler, der in Europa auf Bäumen, in Nordamerika aber auf dem Boden sein Nest baut. Man findet diese Variabilität in der Wahl des Nistplatzes manchmal auf engstem Raum. So nisten die Nachtreiher an einem bestimmten Teich immer auf Bäumen. Am gleichen Ort siedelt sich ab und zu aber ein großer Teil der Kolonie im Schilf an. Das gilt auch für den Fischreiher. In der Art des Nistens und der Bauweise der Nester gibt es natürlich immer Ausnahmen.

Die Frage, ob das Männchen oder das Weibchen das Nest baut, kann man nicht eindeutig beantworten. Das ist innerhalb einer Ordnung oder auch Familie von Art zu Art verschieden. Es ist ganz natürlich, daß bei Arten, die in Vielehe leben, das Weibchen baut. Der Nestbau ist aber auch bei den meisten Vögeln, die paarweise leben, eine Angelegenheit der Weibchen. Die Männchen beschränken sich auf das Bezeichnen ihres Brutreviers und auf seine Verteidigung. Auch bei den Arten, bei denen sich beide Partner am Nestbau beteiligen, beschränkt sich das Männchen oft nur darauf, das Weibchen zu begleiten, wenn es Nistmaterial sammelt. Oder das Männchen trägt Baumaterial heran, das das Weibchen dann verbaut. Bei den Fregattvögeln ist es gerade umgekehrt: Das Weibchen sucht das Material, und das Männchen baut das Nest alleine. In anderen Fällen bauen beide Partner zusammen die große Grundlage, während das Weibchen den Innenausbau und die Auspolsterung der Nestmulde übernimmt. Ähnliche Verhältnisse finden wir bei einigen Limikolen, bei denen das Männchen die Nistgrube scharrt, die dann das Weibchen bescheiden mit Pflanzenteilen auslegt. Auch dort, wo beide Partner Material besorgen und bauen, beteiligt sich das Weibchen gewöhnlich stärker als das Männchen. Das Männchen ist nur selten der Hauptbaumeister. Bei den Spechten zum Beispiel lastet die Zimmermannsarbeit, das Vertiefen der Bruthöhle, überwiegend auf dem Männchen. Bei Arten, bei denen das Weibchen bunter gefärbt ist als das Männchen, übernimmt das schlicht gefärbte Männchen nicht nur die Sorge um den Nestbau, sondern kümmert sich auch um die Nachkommenschaft (Goldschnepfe, Wassertreter). Nicht verpaarte Männchen bauen manchmal Nestgrundlagen, die ein Weibchen anlocken sollen, das dann nach der Paarung eine der Grundlagen für das künftige Nest wählt und fertigbaut. Diese Erscheinung kennen wir bei einigen Reiherarten. Die Männchen anderer Arten bauen schließlich einige fertige Nester, die nur noch nicht ausgepolstert sind. Die Auswahl eines für die Brut geeigneten Nestes überlassen sie dann dem Weibchen. Die nicht verwendeten „Spielnester" dienen dann nur dem Männchen und gegebenenfalls den flüggen Jungen zum Schlafen. In dieser Beziehung ist der kleine Zaunkönig am bekanntesten, der unermüdlich in seinem Brutrevier sogenannte Schlafnester baut. Auch die gemeinsamen Nestkolonien der Bajaweber *(Ploceus philippinus)* werden nur von den Männchen gebaut. Sobald sie ein Weibchen gefunden haben, beginnen sie ein zweites oder drittes Nest zu bauen und sich um weitere Weibchen zu bemühen.

Vergleicht man die Angaben verschiedener Autoren zum Anteil der Männchen und Weibchen am Nestbau, so wird man oft auf Widersprüche stoßen. Das kann die Folge ungenauer und unvollkommener Beobachtungen sein, aber auch die Folge unterschiedlicher Verhaltensweisen. Bei vielen Vogelarten weiß man noch nicht genug über die Nistbiologie, und es wäre nötig, die Angaben bei vielen, sogar gut bekannten Arten zu vervollständigen und zu überprüfen. Die Dauer des Nestbaues kann von vielen Faktoren beeinflußt werden: vom Nistmaterial, der Witterung, der Jahreszeit, der Nestgröße und der Beteiligung der Altvögel am Bau. Kleinere Vögel bauen ihr Nest innerhalb von vier bis sechs Tagen. Die schwierigen kugelförmigen Nester der Beutelmeisen erfordern aber zum Beispiel drei bis sechs Wochen Arbeit beider Partner. Der Steinadler baut an seinem mächtigen Nest volle zwei Monate, der Fischadler etwa 14 Tage. Zugvögel, die ihren Nistplatz später als andere ihrer Art erreichen, bauen wesentlich schneller. So dauert zum Beispiel der Nestbau der Nachtreiher, die Anfang April am Nistplatz eintreffen, 8 bis 9 Tage, während Nachtreiher, die verspätet, erst im Mai, zurückkamen, innerhalb von sieben Tagen nicht nur ein einfaches Nest bauten, sondern auch drei Eier hineinlegten. Die Nester der Salangane entstehen langsam innerhalb von 33 bis 41 Tagen. Am fleißigsten bauen die Vögel morgens und am späten Nachmittag. Der Nestbauinstinkt verlöscht nicht mit dem Ablegen der Brut, sondern zeigt sich oft auch während des Brütens und sogar bei der Aufzucht der Jungen. Bei vielen Arten wurde beobachtet, daß die Vögel während dieser Zeit Nester hinzubauten. Meist erhöhen sie aber nur den Nestrand, wodurch die Mulde des Nestes vertieft wird. Diese Erhöhung schützt Eier und Junge vor dem Absturz. Einige, nahe dem Wasser nistende Vögel erhöhen ihr Nest, wenn das Wasser zum Beispiel nach starkem Regen ansteigt (Sumpfvögel, Enten). Steigt das Wasser aber zu rasch, gehen jedoch die meisten Nester zugrunde.

Man glaubt allgemein, das Nest sei für die Vögel eine Art Zuhause, in das sie nach Beendigung der Nistzeit wenigstens zum Schlafen zurückkehren und das sie zum mehrmaligen Nisten benutzen. Das stimmt aber nicht. Wenn die Jungvögel flügge sind, kehren sie in der Regel nicht zu ihrem Geburtsnest zurück. Freiliegende Nester werden auch selten mehr als einmal zur Ablage der Eier benutzt. Vor allem Singvögel verlassen das alte Nest und bauen regelmäßig ein neues. Das

7 *Zwei Arten von Webervogelnestern:*
Links Schwarzer Webervogel (Ploceus nigerrimus), rechts Bajaweber (Ploceus philippinus)

geschieht auch, wenn das Paar sein Gelege verliert. In diesem Fall nehmen Vögel das alte Nest oft auseinander und errichten aus dem Nistmaterial ein neues Nest. Große Vögel, die entsprechend große Nester bauen, verhalten sich anders. So kehren zum Beispiel die Störche alljährlich zu ihren mühevoll errichteten Nestern zurück, reparieren sie und bauen an. Ein so über mehrere Jahre erhaltenes Nest kann bis zu einer Tonne wiegen.

Einige große Greifvögel besitzen in ihrem Brutrevier mehrere Nester, die sie unregelmäßig wechseln. Starke Heimattreue zeigen auch kleine Höhlenbrüter. Erbittert verteidigen sie ihren Nistplatz gegen Angehörige ihrer eigenen oder einer fremden Art. Selten aber suchen Vögel ihr Nest zum Schlafen auf. Allgemein bevorzugen sie zum Übernachten Baumkronen, Gebüsche und Graswuchs am Boden. Schwalben und Stare suchen gerne gemeinsame Schlafplätze im Röhricht auf. Rabenvögel haben ihr Wäldchen, in das sie immer wieder auch aus großer Entfernung, zum Schlafen fliegen. Vögel, die in Höhlen nisten, übernachten auch gerne in ihnen. Während die Rauchschwalben im Schilf schlafen, besuchen ihre Verwandten, die Mehlschwalben, in der Dämmerung ihre lehmigen Nester unter den Dächern der Häuser. Aber auch die Individuen einer Art können sich sehr verschieden verhalten. Die Mehrzahl unserer heimischen Sperlinge schläft regelmäßig auf Schlafbäumen, andere verkriechen sich über Nacht in ihren Nestern.

Nur wenige Vogelarten bauen kein Nest und legen ihre Eier entweder auf die nackte Erde oder auf eine andere Unterlage, so zum Beispiel die Nachtschwalbe, die Schleiereule, der Uhu, Alken, Lummen und einige Pinguinarten. Einige Specht- und Eulenarten und auch der Wiedehopf legen ihre Eier auf den Boden der Bruthöhle, ohne irgendein Material zum Bau einer geeigneten Nestunterlage zu verwenden. Viele Vögel, die keine Nester bauen, benutzen für ihre Brut die Nester anderer Vögel oder sogar Höhlen und Bauten von Säugetieren.

Der Turmfalke, der Rotfußfalke, der Sperber und andere Greifvögel verwenden oft die verlassenen Nester von Rabenvögeln. Der Dunkle Wasserläufer, dessen Verwandte auf dem Boden nisten, legt seine Eier in verlassene Drosselnester. Sehr einfache Nester, die nur aus schlichten, ungepolsterten Mulden bestehen, die der Vogelkörper im Schlamm, im Sand oder im Erdboden ausformt, bauen einige Möwen, Seeschwalben und Limikolen. Einige dieser Vogelarten polstern die Mulde wenigstens reich mit Pflanzenteilen aus. In den Kolonien einer Seeschwalbenart können wir zum Beispiel einige völlig ungepolsterte Nester finden, während andere mit einem kleinen Wall aus Stengeln umgeben sind oder in denen die Eier auf einer dickeren Schicht aus Pflanzenmaterial liegen. Die besseren Baumeister unter den Bodenbrütern legen ihre Nester mit Gras oder Ästchen aus.

Der Nistplatz

Die Bodenbrüter sind entwicklungsgeschichtlich wohl am ältesten. Zu ihnen gehören selbstverständlich alle nichtfliegenden Vögel wie die Strauße und Pinguine, und von den übrigen seien wenigstens die Entenvögel, Rallen und Sumpfvögel, von den Singvögeln die Lerchen, einige Stelzen und Ammern erwähnt. In diesen Gruppen finden wir jedoch immer wieder Arten, die sich von den übrigen Verwandten unterscheiden. Von den Bodenbrütern bauen die meisten ordentliche, saubere und manchmal mühevoll errichtete Nester. Der Unterbau dieser Nester ist grob, die Mulde aber mit weichem Material ausgepolstert. Die Enten verwenden hierzu sogar Dunen, die sich die Weibchen am Bauch ausreißen. Wir finden bei den Bodenbrütern auch oben geschlossene Nester (Laubsänger) und Nester aus Lehm (Flamingo).
Vögel, die in Kolonien auf flachen oder steilen, hängigen Klippen und Inseln leben, bauen ihre Nester auf den Felsen. Ein Teil dieser Vögel gehört jedoch zu einer weiteren Gruppe, die in Höhlungen oder Halbhöhlen nistet. Zu den Bodenbrütern gehören auch die Großfußhühner, deren besondere Nistart schon beschrieben wurde.
Ein Teil der Wasservögel nistet auf der Erde in der Nähe der Wasseroberfläche oder manchmal auch weit davon entfernt. Andere bauen ihr Nest an seichte Stellen, so daß es vom Wasser umgeben ist (Gänse, Schwäne, Bläßrallen). Ein geringer Teil der Wasservögel baut schwimmende Nester, die jedoch von Wasserpflanzen vor Sicht geschützt sind und nur selten frei auf der Wasseroberfläche schwimmen. Ein solches Nest bauen zum Beispiel die Lappentaucher. Deckung und Tarnung von Nest und Brut sind bei Vögeln, die auf dem Boden oder dem Wasser nisten, verschieden. Einige nisten im freien, völlig ungeschützten Raum und manchmal nur auf Sand oder Schlammablagerungen ohne Vegetation (Seeschwalben, einige Sumpfvögel); andere gründen ihre Nester im niedrigen Rasenwuchs (Kiebitz). Die meisten Vogelarten verstecken jedoch instinktiv ihre Nester vor den Blicken der Feinde im dichten Pflanzengewirr, unter Sträuchern, im Dikkicht von Riedgras und Binsen oder im Rasen. Die Tendenz, die Brut möglichst gut zu schützen, veranlaßt einige Vögel,

ihre Eier zu bedecken, wenn sie das Nest verlassen. Sie verwenden dazu Flaumfedern, die als Polsterung des Nestes dienen (Enten), oder anderes Nestmaterial (Lappentaucher). Bei einigen Bodenbrütern findet man einen gewissen Übergang zum Nisten in Halbhöhlungen, andere wiederum schützen ihre Brut in kugelförmigen Nestern, die oben überwölbt sind.

Es ist wohl verständlich, daß die Vögel als Geschöpfe, die sich aktiv in der Luft bewegen können, zum Nisten vor allem höhere Lagen über dem Boden aufsuchen, wo ihre Nester sicherer sind. Sie nisten deshalb meist in Bäumen, Sträuchern und auf höheren Stauden. Ähnlich wie bei den Bodenbrütern reichen einigen Arten dieser Gruppe als Unterlage ihrer Eier ebenfalls nur einige Ästchen, die sie oberflächlich in Astgabeln anordnen (einige Tauben).

Andere Vogelarten, es sind die meisten, bauen in Astgabeln, in Baumkronen, auf starken Ästen und auch an deren dünnsten Spitzen ordentliche Nester. Zu dieser Gruppe der über dem Boden nistenden Vögel gehören auch Arten, die ihre Nester im Gewirr von Gras und Staudenwuchs verstecken oder sie an Gras- oder Schilfhalmen aufhängen. Einige dieser Baumeister haben besondere Fähigkeiten. So erfordert das Aufhängen des Beutelnestes des Rohrsängers doch erhebliche Konstruktionskenntnisse, und wieviel erst das oben bedeckte Kugelnest der Schwanzmeise, das irgendwo an einem Stamm versteckt ist. Der beste Baumeister unter unseren Vögeln ist die Beutelmeise, die ihr aus feinem Material geflochtenes, sackförmiges Nest an den dünnsten Astspitzen der Bäume und Büsche gewöhnlich hoch über dem Wasser aufhängt. Sie wird in ihrer Kunst nur noch von einigen tropischen Webervögeln übertroffen, die sich kompliziert geflochtene Nester mit langen, röhrenförmigen Eingängen bauen oder gemeinsame Bauten errichten, die mehrere Nester überdecken. Unter den tropischen Vögeln gibt es viele hervorragende Baumeister (Trupiale, Nektarvögel). Einige Arten binden sogar beim Errichten ihres Nestes schwierige Schlingen, durch die sie den Bau gut an Ästen und Stengeln befestigen.

Freigebaute Nester sind verschieden gestaltet und aufgehängt. Beutelnester sind an den Rändern in Astgabeln aufgehängt, Napfnester sitzen tief in Astquirlen oder schrägen Astgabeln, frei im Gras oder anderen Pflanzen oder sind an Stengeln aufgehängt. Im Gegensatz dazu liegt das flache Nest der Ringeltaube nur frei auf den Ästen. Die erste Stufe zu den

8 *Der Blutschnabelweber (Quelea quelea) flicht beim Nestbau eine Schlinge*

oben geschlossenen Nestern bilden die Haubennester, die unvollständig überdacht sind. Schwanzmeisen, manchmal auch Sperlinge, Zaunkönige oder Beutelmeisen bauen ein typisches Kugelnest, das bei manchen Arten sogar einen röhrenförmigen Eingang hat. Die Vielfalt und Kompliziertheit der Nester des Bajawebers wurde schon erwähnt. Der südasiatische Schneidervogel baut sein Nest in trichterförmig angeordnetem Laub, dessen Ränder er mit Pflanzenfasern regelrecht zusammennäht.

Am sichersten nisten wohl die Höhlenbrüter. Auch hier müssen wir verschiedene Entwicklungsstufen dieser Nistweise unterscheiden. Einigen Vogelarten reicht die Andeutung einer Höhlung schon aus, und sie bauen ihre Nester zum Beispiel in die Vertiefung eines verfaulten Baumstumpfes, in die Halbhöhlen ausgebrochener Äste, unter abgeblätterter Rinde, in Öffnungen bzw. Spalten von Sand und Lehmwänden oder in Steinhaufen, so daß das Nest nicht von allen Seiten gedeckt ist. Andere Arten wiederum nisten in tiefen Höhlen ausgefaulter Stämme oder in Erdlöchern tief unter der Oberfläche. Die Spechte, Bartvögel und einige Meisen haben diese Nistweise so weit entwickelt, daß sie sich in gesundes oder morsches Holz geräumige Nisthöhlen hacken.

Die vorhandenen Höhlen reichen oft nicht aus, so daß es vorkommt, daß Spechthöhlen von anderen Vögeln, die sich selbst keine aushacken können, benutzt werden. In Spechthöhlen nisten oft Hohltauben, Blauracken, Stare und verschiedene Eulenarten. Der Kleiber mauert derartige Höhlen aus, verengt das Flugloch und paßt die ganze Höhle so seiner zierlichen Gestalt an. Ähnlich verhalten sich auch einige tropische Hornvögel, deren Männchen die Weibchen oft während der Nestlingsdauer in die Höhle einmauern und füttern.
Viele Vögel nisten in Löchern, die sie finden oder selbst in die Erde bzw. in Sand- und Lehmwände graben. Diese Nistart findet man bei einer ganzen Reihe von Singvögeln (Maina, Uferschwalben) und anderen Arten (Eisvögel, Bienenfresser, einige Alkenvögel und Papageie). Sogar Säugetierbaue werden benutzt. So hat die amerikanische Prärieeule ihr mit Gras gepolstertes Nest manchmal bis drei Meter tief in Kaninchenhöhlen. Die Rostgänse benötigen größere Baue zum Nisten, während sich unsere Tannenmeise manchmal mit einem verlassenen Mäuseloch zufriedengibt. Vögel, die ihr Nest in Baumhöhlen bauen, können ausnahmsweise auch in der Erde nisten (Hohltaube, Blauracke). Am Beispiel der Tauben können wir sehen, daß die Nistweise innerhalb der verwandten Gruppen ganz verschieden sein kann: Die Hohltaube nistet in Höhlungen, Ringel- und Turteltaube nisten in flachen Napfnestern aus Zweigen. Da Taubeneier weiß sind, können wir annehmen, daß die Tauben ursprünglich in Höhlen nisteten. Ebenso nimmt man an, daß sich die Gewohnheit mancher Vögel, große Nester in Baumhöhlungen zu bauen, erst sekundär entwickelt hat, im Gegensatz zu Vögeln, die sich ihre Höhle selbst zimmern und deren Eier ohne weitere Unterlage auf dem Boden der Nisthöhlen liegen. Vielen Höhlen- und Halbhöhlenbrütern können wir durch das Anbringen von Nistkästen helfen, die sie sehr gern und sogar vorrangig benutzen.
Es gibt auch Vögel, die in dunklen Grotten nisten. Typische Bewohner unterirdischer Räume sind einige Nachtschwalben und Salangane; auch Felsentauben und Alpendohlen nisten so.
Es gibt auch Arten, bei denen der Nestbautrieb erloschen ist. Diese Vögel benutzen völlig parasitär fremde Nester. Sie bemächtigen sich ihrer durch Kampf oder beziehen alte oder verlassene Nester. Diese Erscheinung ist unter den Vögeln sehr weit verbreitet, und als Beispiel soll hier nur die Waldohreule

erwähnt werden, die mit Vorliebe auf verlassenen Krähennestern nistet. Als Nestparasitismus bezeichnet man auch die Benutzung von Höhlen, die Spechtvögel gezimmert haben. Hierzu gehört auch die Verwendung von Bauten der Ameisen, Termiten und Säugetiere. Es gibt Vogelarten, die grundsätzlich fremde Nester aufsuchen. Bei anderen Arten ziehen es nur einige Brutpaare vor, fremde Nester zu benutzen, während andere Paare ihre eigenen Nester bauen. Diese Erscheinung ist schwer zu erklären. Nicht selten geschieht es auch, daß zwei Weibchen gleicher oder sogar verschiedener Art ihre Eier in ein und dasselbe Nest legen. Es ist bekannt, daß sogar drei Weibchen das gleiche Nest benutzt haben. Als Beispiel sei auf die auffallend zahlreichen Gelege einiger Reiher- oder Entenarten hingewiesen, die zweifellos von zwei bis drei Weibchen einer Art stammen. Bei Enten und auch bei anderen Vögeln wurde beobachtet, daß zwei Weibchen verschiedener Art an die gleiche Stelle legten. Genaugenommen müssen wir als Nestparasitismus auch die Fälle bezeichnen, bei denen kleinere Vögel die Untergeschosse der Nester großer Vogelarten — Greifvögel, Reiher, Störche — benutzen. In Europa gehören zu diesen Untermietern vor allem die Stare und die beiden Sperlingsarten. Diese Erscheinung finden wir natürlich auch anderswo. So nistet zum Beispiel der südamerikanische Mönchssittich mit Vorliebe in den Nestern großer Greifvögel.

Vogelkolonien

Eine auffällige und verbreitete Erscheinung ist das Nisten in Kolonien. Wir bezeichnen so den gemeinsamen Nistplatz einiger oder vieler Vogelpaare. Der Hauptgrund einer solchen Vergesellschaftung ist offensichtlich die verbesserte Möglichkeit zur Verteidigung von Brut und Jungen vor Vogel- und Säugetierfeinden. Kaum ein Raubtier getraut sich unter die dichte Schar schreiender und gemeinsam angreifender Vogeleltern. Eine weitere Ursache der Koloniebildung kann Nahrungsüberfluß in der Nähe der Kolonie oder in der Abgeschlossenheit des Standortes liegen, in dessen Umgebung weit und breit kein geeigneter anderer Nistplatz zur Verfügung steht.
Das Nistrevier gibt es zwar bei den in Brutkolonien lebenden Vögeln immer noch; die Reviergrenze verläuft jedoch in der unmittelbaren Umgebung des Nestes. Der Sinn für das Nisten

in Kolonien ist bei den Vögeln verschieden stark entwickelt. Es gibt Arten, die einzeln nisten und sich nur unter bestimmten Umständen zu Kolonien zusammenschließen. Der Haubentaucher nistet zum Beispiel meist in einzelnen Paaren und bildet nur selten kleinere Nestgruppen. Es kann geschehen, daß diese oder jene Art in einigen Gebieten einzeln nistet, während sie anderswo regelmäßig Kolonien bildet. Als Beispiel sei wieder der Haubentaucher erwähnt, der nach Osten hin einen stärkeren Hang zum gemeinsamen Nisten zeigt. Dagegen können Vögel, die normal in Kolonien brüten, hier und da einzeln nisten, wie zum Beispiel der Fischreiher und andere Reiherarten und typische Koloniebewohner wie zum Beispiel die Saatkrähe. Beim Weißstorch ist das Gegenteil der Fall. Er nistet in Mitteleuropa einzeln; in wasserreichen Gebieten kann man aber in manchen Siedlungen fast auf jedem Dach ein Storchennest finden und manchmal sogar mehrere auf einem Gebäude oder Baum.

Als Kolonien werden auch kleinere Nestgruppen bezeichnet. Am ausgeprägtesten sind sie jedoch dort, wo einige hundert oder tausend Paare gemeinsam nisten. Diese Großnistplätze sind vor allem für am Wasser lebende Vögel und Seevögel typisch, wenn sie auch bei Singvögeln keine Ausnahme bilden (Saatkrähen, einige Schwalben, Rosenstar, Webervögel). Ornithologische Schilderungen des vergangenen Jahrhunderts berichten von tausendköpfigen Kolonien von Reihern, Sichlern, Löfflern und Kormoranen in den Dickichten und Röhrichten toter Flußarme auf dem Balkan. Das ist zugleich ein Beispiel für gemischte Kolonien, in denen mehrere Vogelarten nebeneinander leben. Die Flamingos bilden große Kolonien auf Brackgewässern; Klippen, Ufer und einsame Inseln im Meer werden manchmal als riesenhafter Nistplatz von Pelikanen, Pinguinen, Baßtölpeln, Sturmvögeln, Alken, Lummen, Möwen und Seeschwalben bewohnt. Es ist immer wieder überraschend, wie viele Vögel oft auf kleinem Raum zusammengedrängt nisten. So bildete der Kaiserpinguin auf den Inseln südlich von Neuseeland Kolonien, denen eine Million Individuen angehörten. Zu den größten Vogelkolonien gehören auch die des Großen Sturmtauchers auf zwei Inselchen der Tristanda-Cunha-Gruppe im südlichen Atlantik, wo auf der einen Insel 300 000 Sturmtaucher und auf der anderen angeblich ungefähr 4 Millionen nisten.

Man kennt auch viele Nistplätze, die als sogenannte Vogelberge bezeichnet werden. Das sind gemischte Kolonien, in denen auf felsigen Ufern und Inseln im Meer Hunderte von Paaren mehrerer Alkenarten in unmittelbarer Nachbarschaft mit Dreizehenmöwen, Sturmvögeln und anderen Arten leben. Viele dieser Vogelkolonien fielen in der Vergangenheit dem Menschen als Beute zum Opfer; die Anzahl der nistenden Paare hat sich wesentlich verringert. Doch jetzt kämpft der Vogelschutz um das Schicksal einiger bekannter Kolonien. Die vernichtenden menschlichen Eingriffe bei den gemeinsam nistenden Arten hatten schwere Folgen. So wurden einige Arten völlig zum Untergang verurteilt, wie der nicht fliegende Riesenalk der felsigen Inseln bei Island oder die Wandertauben der Wälder Nordamerikas.

Einige Greifvogelarten, die keine Nester bauen, finden in den Kolonien der auf den Bäumen nistenden Vögel günstige Nistgelegenheiten. So beherbergen in der Regel größere Reiher- oder Saatkrähenkolonien ein oder mehrere Greifvogelpaare, die ihren Nachbarn gewöhnlich keinen Schaden zufügen. Häufige Mitbewohner von Reiherkolonien sind zum Beispiel Wanderfalke, Würgfalke und Schwarzer Milan. Krähen und Raben, die in der Kolonie wohnen, nützen jedoch jede Gelegenheit aus, um Eier oder Jungvögel zu rauben.

Brutreviere

Damit ein Vogelpaar erfolgreich und ruhig nisten, die Jungen mühelos ernähren und aufziehen kann, benötigt es um sein Nest herum einen bestimmten Raum, den man Nistbezirk nennt. Das ist eine gedachte Fläche, deren Grenzen die Vögel während der Nistzeit einhalten, schützen und gegen die Mitglieder der gleichen Art verteidigen. Der Kampf um die Erlangung des Lebensraums, der Reviere, wird besonders deutlich bei Arten, die in einem bestimmten Biotop häufig vorkommen und deren einzelne Bezirke dicht aneinandergefügt sind und eng miteinander zusammenhängen. Das Nest spielt hier eine wichtige Rolle, denn sein Standort bestimmt auch die Lage des Brutreviers. Es befindet sich gewöhnlich in der Mitte. So geschieht es, daß die einzelnen Paare der gleichen Art ein entsprechendes Biotop untereinander aufteilen. Da die einzelnen Reviere ein bestimmtes Ausmaß aufweisen müssen, kommt es auch zur natürlichen Regelung der Zahl der nistenden Paare. Die Größe des Nistbezirks ist bei verschiedenen Arten auch verschieden und hängt vor allem vom Nahrungsbedarf ab. Die in der Ernährung spezialisierten

Greifvögel zum Beispiel müssen weit vom Nest wegfliegen und haben einen größeren Aktionsradius als zum Beispiel die Singvögel, die Insekten fressen und im kleineren Kreis um das Nest herum genügend Nahrung für ihre ganze zahlreiche Familie finden.

Beispiele für die Größe des Brutreviers:

Steinadler	93 000 000 m²
Misteldrossel	500 000 m²
Singdrossel	40 000 m²
Rotkehlchen	6 000 m²
Buchfink	4 000 m²
Bleßralle	4 000 m²
Fitislaubsänger	1 500 m²
Amsel	1 200 m²
Königspinguin	0,5 m²
Lachmöwe	0,3 m²

Die Größe und Gestalt des Reviers ist abhängig von der Umgebung und dem Pflanzenwuchs. So ist das Brutrevier des Haubentauchers zum Beispiel oval, denn dieser Vogel verteidigt vor allem den Raum am Rande des Röhrichts an der Wasseroberfläche, wo er sein Nest gebaut hat, und erst zweitrangig den Raum auf der Wasseroberfläche. Ebenfalls oval ausgebildet ist das Brutrevier der Vögel, die im Pflanzenwuchs der Ufer an Bächen und Flüssen nisten. Hingegen ist der Nistbezirk von Singvögeln, die zusammenhängende Wälder bewohnen, fast kreisförmig. In einem Biotop können Vögel verschiedener Art ihr Brutrevier haben, das heißt, der Kampf um den Lebensraum wird nur innerhalb der gleichen Art ausgetragen. So kann zum Beispiel im Brutrevier eines Misteldrosselpaares auch die Amsel und das Rotkehlchen nisten und alle zusammen besitzen ihr kleines Territorium innerhalb des großen Reviers eines Sperberpaares.

Die Größe eines Territoriums ist aber geographisch verschieden: So bewohnt ein Schwarzspecht-Pärchen in Deutschland eine Fläche von ungefähr 400 ha, in Holland 850 ha und in Finnland 800 bis 1800 ha. Sicherlich spielt hierbei auch die Qualität und der Charakter der Waldbestände und die Häufigkeit der Art eine Rolle, obwohl bei Kleinvögeln festgestellt wurde, daß sie die Größe des Nistbezirks auch bei größerer Populationsdichte der Art nicht verringert.

Die einzelnen Paare der gleichen Art respektieren die Nistreviere ihrer Nachbarn vor allem deshalb, weil jedes Männchen und manchmal auch beide Partner ihren Bezirk aktiv verteidigen und mit Gesang kennzeichnen. Die Grenzen des Reviers dürfen wir uns jedoch nicht als genau abgesteckte Linie vorstellen. Ihre Verletzung ist in kleinerem Ausmaß schon deshalb üblich, weil der Bewohner des Bezirks nicht allgegenwärtig sein und bei jedem Übertritt des Nachbarn einschreiten kann. Das Ausmaß der Verteidigung des Reviers ist außerdem auch von der Stärke des Bruttriebes abhängig. Die Kennzeichnung des Reviers allein durch Gesang reicht meistens aus, die Nachbarn davon zu unterrichten, daß das Revier schon besetzt ist. Taucht in der Nähe ein anderer Vogel auf, verstärkt das singende Männchen seine Aufmerksamkeit und Stimme. Wer den Frühlingsruf des Kleibers nachahmen kann, kann sich davon überzeugen, wie erregt dieser Vogel reagiert, wenn man unverhofft in seinem Revier so wie er pfeift. Er fliegt augenblicklich näher heran und sucht zornig den Nebenbuhler, der es wagt, die Grenze seines Reviers zu verletzen.

Treffen zwei Rivalen zusammen, so ruft diese Begegnung ein besonderes Imponiergehaben hervor. Dabei kommen besondere Positionen, Bewegungen, Federschmuck, Farbe und Stimme zur Geltung. Dieses Gebaren ist angeboren und artspezifisch. Jede Reaktion des Gegners löst entweder alle diese Faktoren aus oder nur einen Teil von ihnen. Das Imponiergehabe reicht normalerweise zur Verteidigung des Reviers aus. Im Extremfall, der höchsten Erregung, kommt es zum Kampf und zur Verfolgung, wobei diese Kämpfe meist aber nur symbolischen Charakter haben. Ernsthafte Streitigkeiten, bei denen Federn fliegen und Blut fließt, sind selten. Der Sieger beginnt oft nach der Vertreibung des Nebenbuhlers zu singen und zeigt damit seine Überlegenheit. In der Regel ist der Verteidiger des Reviers überlegen und hat somit auch die größere Aussicht auf Erfolg.

Der Begriff des Reviers hat auch bei Vögeln, die zahlreich, dicht nebeneinander in Kolonien nisten, noch seine Bedeutung. Das Revier beschränkt sich hier aber lediglich auf die Umgebung des Nestes und manchmal sogar nur auf die Schnabelreichweite des Vogels, der auf dem Nest brütet. Daher kommen auch die kleinen Flächenwerte in der Aufstellung beim Königspinguin und der Lachmöwe.

Es gibt aber auch eine ganze Reihe von Vögeln, bei denen es

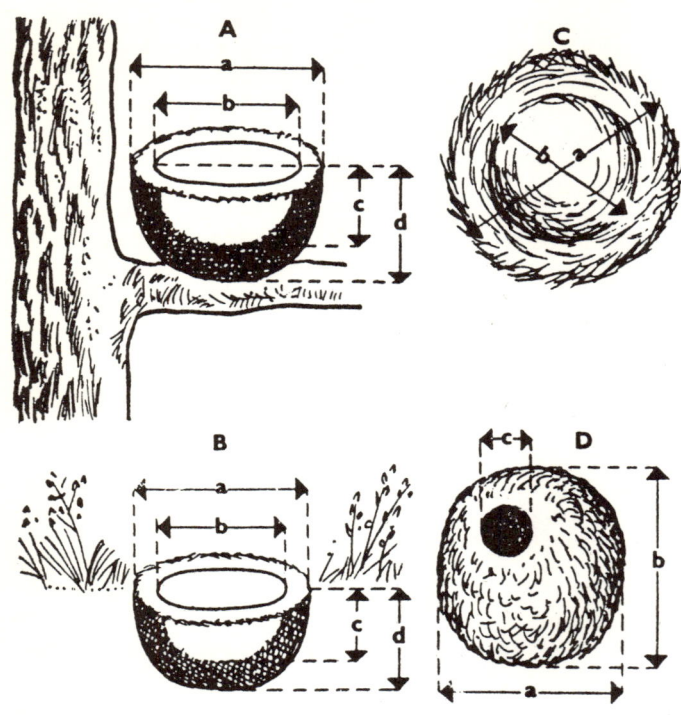

9 *Art der Nestmessung:*
ABC a — *Durchmesser des Nestes,* b — *Durchmesser der Mulde,* c — *Tiefe der Mulde,* d — *Höhe des Nestes*
D a — *Breite des Nestes,* b — *Höhe des Nestes,* c — *Durchmesser der Flugöffnung*

den Begriff des Brutreviers nicht gibt, und bei anderen können kompliziertere Verhältnisse bestehen. Das Brutrevier ist bei den Koloniebrütern viel kleiner als das zur Ernährung benötigte Gebiet. Neben dem Brutrevier können auch Winterreviere und Bezirke, die zur Paarbildung bestimmt sind, bestehen, wie es zum Beispiel von der Lachmöwe bekannt ist.

Die Nester und Eier der Vögel sind interessant und sehr verschieden. Dieses Buch will jedoch nicht zum Sammeln von Eiern und zur Anlage neuer oologischer Sammlungen anregen.

Solche Sammlungen bringen der Wissenschaft gewöhnlich wenig Nutzen und wirken sich vom Standpunkt des Vogelschutzes sehr schädlich aus. Das Sammeln einzelner Eier als Muster, wie es einige Amateur-Ornithologen tun, ist wissenschaftlich bedeutungslos. Wertvolle oologische Sammlungen enthalten immer ganze Gelege. Ein solches Vorgehen beim Eiersammeln würde sich ungünstig auf die ohnehin schon schwachen Populationen vieler Vögel auswirken. In den meisten Kulturstaaten ist deshalb das Sammeln von Eiern verboten, und Ausnahmen werden nur für den wissenschaftlichen Bedarf bewilligt.

Bei der ornithologischen Untersuchung im Gelände sollte jeder Ornithologe, ob Amateur oder Fachmann, der Nistbiologie der Vögel besondere Aufmerksamkeit widmen, denn in der Fortpflanzungszeit ist das Instinktleben der Vögel unglaublich vielfältig. Hier besteht nicht nur die Möglichkeit, in die Vogelpsychologie einzudringen, sondern auch zur Kenntnis über solch komplizierte Erscheinungen, wie es zum Beispiel die Paarbildung ist, beizutragen. Man kann sich von der Kompliziertheit des territorialen Verhaltens der Vögel überzeugen, das instinktive Verhalten beim Nestbau und der Brutpflege kennenlernen. Ein genaues Literaturstudium und Vergleiche einzelner Daten zeigen, daß überraschenderweise auch bei häufigen Vogelarten einige Angaben völlig fehlen oder wenigstens der Revision bedürfen. Das betrifft zum Beispiel den Anteil der Partner am Nestbau, der Bebrütung der Eier usw. Hier hat also jeder, der sich für das Leben der Vögel interessiert, die Möglichkeit, zur Vertiefung der Kenntnisse über sie beizutragen.

Auf den nächsten Seiten finden wir die Abbildung von Nestern und Eiern einiger bekannter europäischer Vögel und im beigefügten Text Angaben über ihre Nistbiologie, über die Vielgestaltigkeit im Bau und die Konstruktion der Nester. Da Gestalt und Anordnung der Nester und die Färbung der Eier einer Art sehr verschieden sind und die Abbildung nur eine Möglichkeit wiedergeben kann, wird jeweils der am meisten auftretende Typ der Nester oder Eier gezeigt. Die Illustratoren dieses Buches verwendeten als Vorlage für die Tafeln Muster aus der ungewöhnlich reichen oologischen Sammlung des Prager Nationalmuseums. Es war natürlich nicht immer möglich, die Eier in ihrer natürlichen Größe abzubilden. Die Maße der Eier werden jedoch im Text angeführt (Angaben in mm). Bei der Bestimmung der Vogeleier spielt neben ihrer Form und Farbe auch ihre Größe eine wichtige Rolle. Sie bewegt sich bei jeder Art innerhalb bestimmter Grenzen, weshalb nicht nur die Durchschnittswerte der einzelnen Arten, sondern auch die Maxima und Minima der Länge und Breite angegeben sind.

NATURSCHUTZ

Viele Vogelarten sind in den letzten Jahren vollständig oder fast vollständig ausgerottet worden. So der Riesenalk oder die Labradorente, der Brillenkormoran oder der Bartgeier. Andere Arten gehen von Jahr zu Jahr zurück, weil ihre Nester durch Beseitigung von Hecken usw. vernichtet wurden. In der Vergangenheit drohte manchen Vogelarten auch dadurch Gefahr, daß ihre Vogeleier von Menschen eingesammelt wurden.

Daher ist heute auch „das mutwillige Zerstören oder absichtliche Entnehmen von Eiern aus der Natur oder der Besitz dieser Eier, auch wenn sie leer sind" verboten.

BILDTEIL

Haubentaucher
Podiceps cristatus

Maße:
Durchschnitt 55,8 × 36,9
Maxima 62,7 × 37,8 und 56,4 × 40,2
Minima 46,5 × 39,0 und 50,0 × 33,5

Die gesamte Körperform und das dicht anliegende Gefieder zeigen, daß der Haubentaucher auf dem Wasser zu Hause ist. Er schwimmt ausgezeichnet und taucht geschickt nach Nahrung. Wir finden ihn zur Nistzeit vor allem auf stehenden Gewässern, Seen und Teichen jedoch nur dort, wo ein Röhricht vorhanden ist. Manchmal nistet der Haubentaucher auch auf toten Flußarmen und in Buchten und in Osteuropa auch auf Salz- und Brackwasserseen.
Das Nest des Haubentauchers ist in der Regel in Rohr, Schilf, Binsen und Riedgras versteckt. Es besteht aus einem Haufen feuchter Wasserpflanzen, der zum größten Teil immer unter der Wasseroberfläche liegt, über die nur ein verhältnismäßig kleiner „Kuchen" mit der flachen Nistgrube herausragt. In seichten Gewässern reicht das Nest bis zum Grunde, denn es ist manchmal bis zu einem halben Meter hoch. Auf tieferen Gewässern schwimmt es, so daß es der Wellenschlag einige Meter vom ursprünglichen Standort wegtreiben kann. Es kommt vor, daß sich das Haubentaucherpaar sein Nest frei auf der Wasserfläche inmitten treibender Wasserpflanzen baut. Andernorts wurden Brutkolonien aufgefunden, in denen die einzelnen Nester nur einige Meter voneinander entfernt lagen. Die vier bis sechs Eier sind nach dem Ablegen weiß und kreidig überzogen; sie erhalten jedoch beim Brüten von den faulenden Pflanzen im Nest bräunliche Schattierungen. Beide Eltern lösen sich bei der 20 bis 21 Tage dauernden Brut ab. Die Haubentaucher bedecken ihre Brut mit Nestmaterial, sobald sie das Nest verlassen, um die Eier vor Feinden zu verbergen. Dadurch, daß die Pflanzen im Nest faulen, erhöht sich die Temperatur, was allein jedoch nicht zur Bebrütung der Eier ausreicht.

Zwergtaucher
Podiceps ruficollis

Maße:
Durchschnitt 38,0 × 26,2
Maxima 43,0 × 27,4 und 31,2 × 28,3
Minima 32,8 × 23,7 und 37,0 × 24,0
unter Naturschutz

Im Gegensatz zu seinen größeren Verwandten lebt der Zwergtaucher verborgen zwischen ausgedehntem Wasserpflanzenwuchs. Er sucht deshalb zur Nistzeit dicht verwachsene Buchten von Teichen, Seen und toten Flußarmen auf. Ihm reichen manchmal sogar kleinste Wasserflächen wie Tümpel, Weiher usw., soweit sie nur genügend Schutz gewähren. Auf fließenden Gewässern und großen Seen ist der Zwergtaucher in der Brutzeit selten zu sehen. Auch bei der Jagd hält er sich gerne am Rande oder inmitten von Rohr- und Binsenwuchs auf und wagt sich nur selten auf die freie Wasserfläche. Den Standort seines Nestes verrät der Zwergtaucher durch sein häufiges Rufen.

Der Nesttyp unterscheidet sich nicht von dem verwandter Taucherarten. Ähnlich wie der Haubentaucher baut der Zwergtaucher sein Nest aus verschiedenen Wasserpflanzen, die teilweise schon verfault sind. Er verwendet aber kleineres Material. Sein Nest ist entsprechend seiner Gestalt verhältnismäßig klein und ungefähr tellergroß. Bauart und Größe ähneln dem Nest des Schwarzhalstauchers, *Podiceps nigricollis*. Zum Unterschied vom Schwarzhalstaucher nistet der Zwergtaucher nicht in Kolonien, sondern einzeln. Sein Nest reicht mit seinem Unterbau entweder auf den Grund oder schwimmt auf dem Wasser, wo es an Halmen von Wasserpflanzen befestigt ist. Das hängt aber von der Wassertiefe am Standort ab. Wenn der Zwergtaucher sein Nest verläßt, bedeckt er das Gelege. Die Alten wechseln sich beim Bebrüten ihrer vier bis sieben Eier drei Wochen lang ab. Sie beginnen bei Ablage des ersten Eies zu brüten. In der Färbung ähneln die Eier denen der übrigen Taucher; sie sind nur wesentlich kleiner.

Eissturmvogel
Fulmarus glacialis

Maße:
Durchschnitt 74,0 × 50,6
Maxima 81,5 × 50,5 und 72,5 × 54,1
Minima 65,5 × 45,5 und 66,5 × 44,3
unter Naturschutz

Der Eissturmvogel ist ein Bewohner der weiten Meere; er verbringt den größten Teil seines Lebens über dem Wasser. Lediglich zur Nistzeit sucht er die Ufer von Festland und Inseln auf. Seine Brutkolonien liegen gewöhnlich in unmittelbarer Nähe des Meeres, so daß die Felsen, auf denen die Vögel nisten, von Wellen umspült sind. In arktischen Gebieten sind Kolonien bekannt, die sich einige Kilometer vom Meer entfernt in Flußtälern befinden.

Die einzelnen Brutpaare suchen die auf den Britischen Inseln liegenden Brutplätze schon von November bis Januar auf. Mitte Mai beginnen sie, ihre Eier entweder auf nackte Felsvorsprünge oder Gesimse oder im weicheren Boden tiefe Mulden anzulegen, die sie mit wenig Gras auspolstern. Manchmal tragen die Eissturmvögel kleinere Steine um die Eier zusammen.

Das Weibchen legt meistens nur ein einziges Ei von ovaler, recht variabler Gestalt. Es hat eine glanzlose, schmutzigweiße Schale mit rotbraunen, locker verteilten Flecken, die wohl sekundären Ursprungs sind. Dieses Ei brüten Männchen und Weibchen aus; beide haben in dieser Zeit Brutflecken. Über die Brutdauer sind sich die Ornithologen nicht einig. Jedenfalls ist die Inkubationszeit beachtlich lang und dauret 42 bis 43 oder sogar 60 Tage. Das Junge hat dichte, hellgraue Flaumfedern und wird nur zweimal innerhalb von 24 Stunden gefüttert. Es steckt dazu den Schnabel oder den ganzen Kopf weit in den Rachen der Eltern, die die halbverdaute Nahrung auswürgen. Das Junge verbleibt 48 bis 57 Tage im Nest, so daß es erst Mitte August seine erste Reise aufs Meer unternimmt.

Kormoran
Phalacrocorax carbo

Maße:
Durchschnitt 63,0 × 39,4
Maxima 74,0 × 41,7 und 68,5 × 44,0
Minima 56,0 × 38,8 und 56,4 × 35,4
unter Naturschutz

Der Kormoran, dieser gewandte Taucher und erfolgreiche Fischjäger, nistet immer in Reichweite fischreicher Gewässer: an der Küste, in der Nähe großer Flüsse und an deren Mündungen oder unweit ausgedehnter Seen. Die Geselligkeit der Kormorane ist sprichwörtlich. Sie nisten in Kolonien, denen manchmal Hunderte bis Tausende von Paaren angehören. Nicht selten leben die Kormorane mit anderen Wasservögeln, wie zum Beispiel Reihern, in gemeinsamen Kolonien. Ihr Nest bauen sie entweder auf steilen Uferklippen oder auf hohen Bäumen, seltener im Röhricht. Man findet recht häufig mehrere Kormoranester in der geräumigen Krone eines Baumes. Die Grundlage der Nester bilden stärkere Äste; die oberste Schicht besteht aus feineren trockenen Zweigen, unter die auch grünes Pflanzenmaterial gemischt ist. Die Mulde ist mit Halmen und Blättern von Schilf, Binsen und Gras ausgepolstert. Da die Kormorane Baumaterial verwenden, das sie in der Umgebung finden, enthalten die Nester der Küstenkolonien oft Seetang. Die Äste für den Nestbau brechen die Kormorane in der Nähe ihrer Nester oder tragen sie aus dem Wasser heran. Sie bauen die ganze Nistzeit hindurch an und manchmal auch noch während der Aufzucht der Jungen.
Das Kormoranpaar baut sein Nest nicht alljährlich neu. Nach Möglichkeit benutzt es den Unterbau des alten vorjährigen Nestes, den es repariert und anbaut. Oft dienen auch verlassene Nester anderer Vögel, wie Reiher, Krähen oder Greifvögel, als Grundlage. Das Weibchen des Kormorans legt drei bis fünf grauweiße Eier mit einem charakteristischen kreidigen Überzug, der den größten Teil der Grundfärbung überdeckt. Beide Eltern sitzen 23 bis 24 Tage auf dem Gelege. Die Jungen fliegen bald nach dem Ausschlüpfen auf den Ästen der Umgebung umher und werden 30 bis 56 Tage von beiden Eltern gefüttert.

Fischreiher, Graureiher
Ardea cinerea

Maße:
Durchschnitt 61,0 × 43,0
Maxima 70,6 × 43,0 und 61,5 × 49,7
Minima 53,5 × 43,2 und 62,0 × 38,9

Auch der Fischreiher ist durch seine Ernährungsweise ans Wasser gebunden. Er nistet entweder in Baumkronen oder im Röhricht der Gewässer und inmitten ausgedehnter Sümpfe auch auf niedrigeren Sträuchern. Als Standort kommen sowohl Laub- als auch Nadelbäume in Betracht. Der Fischreiher nistet meist in umfangreichen Kolonien; einsame, einzeln gelegene Nester sind aber keine Seltenheit. Von hier aus fliegt er zur Jagd ins flache Wasser, wo er mit seinen langen Beinen waten kann und unbeweglich nach Beute späht.
Das Männchen wählt den Nistplatz aus und beginnt das Nest zu bauen. Nach interessanter Balz gesellt sich bald ein Weibchen zu ihm. Die Paare benutzen gewöhnlich die alten Nester des vergangenen Jahres oder die Nester anderer großer Vögel als Grundlage für den Neubau. Sie nehmen unter Umständen aber auch das alte Nest auseinander und verwenden das Material für ein neues. Der untere Teil des Nestes ist massiv aus stärkeren Ästen und Rasenstücken gebaut, während feinere Ästchen und Schilfrohr den oberen Teil bilden. Die Nestmulde ist mit feinen Zweigen, Wurzeln, Halmen, Haaren und Schilf ausgelegt. Die Nestgröße schwankt stark. Neu errichtete Nester sind kleiner als solche, die schon mehrere Jahre lang angebaut wurden. Die Reiher bauen ihre Nester im Verlaufe der gesamten Nistzeit an, wobei sie das Material im Schnabel herantragen.
Die Brut besteht aus vier bis fünf graugrünen Eiern. Das Weibchen legt durchschnittlich jeden zweiten Tag ein Ei und beginnt nach der Ablage des ersten Eies zu brüten. Dadurch schlüpfen die Jungen in bestimmten Abständen nacheinander aus. Die dadurch bedingten Größenunterschiede kann man während der gesamten Aufzucht der Jungen feststellen.

Stockente
Anas platyrhynchos

Maße:
Durchschnitt 56,8 × 41,2
Maxima 64,5 × 42,1 und 62,7 × 47,6
Minima 50,0 × 39,0 und 58,4 × 35,6

Die Stockente nistet in den Uferbereichen von Gewässern. Das sind meist flache Seen, Teiche, Weiher, alte Flußarme und Buchten von Flüssen und Sümpfe. Das Nest kann im dichten Röhricht angebracht sein oder in den Büscheln des Riedgrases, im hohen Gras oder in Brennesseln, sogar auf Feldern und oft auch unter Sträuchern und kleinen Bäumen oder am Fuße ausgewachsener Bäume. In manchen Gegenden nistet die Stockente auch regelmäßig über dem Boden, so zum Beispiel in Höhlen oder Halbhöhlen der Kopfweiden.
Das Entennest kann aber auch einige Kilometer von der nächsten Wasserfläche entfernt liegen. In diesem Falle führt die alte Ente ihre Jungen über Bäche, Kanäle und Gräben zum nächsten Gewässer. Das Männchen kümmert sich nicht besonders um die Familie; es hilft lediglich, einen günstigen Nistplatz zu finden.
Die auf dem Boden liegenden Nester bestehen aus trockenen Pflanzenteilen und haben eine schön geformte Mulde. Das Baumaterial sammelt die Ente in der Nähe ihres Standplatzes. Sie polstert die Mulde während des Nistens mit feinen Dunen aus, die sie sich am Bauch ausreißt. Die Dunen nehmen im Lauf der Zeit so zu, daß sie später einen Federkranz um das Nest bilden. Solange das Gelege noch nicht vollständig ist, bedeckt es die Ente, sobald sie das Nest verläßt, mit Nestmaterial. Sie sitzt 24 bis 28 Tage auf ihren sieben bis zwölf grüngrauen Eiern. Bald nach dem Ausschlüpfen führt die Mutter ihre Jungen an das nächstgelegene Wasser, wo sie von Wasserpflanzen leben.

Krickente
Anas crecca

Maße:
Durchschnitt 44,8 × 32,9
Maxima 51,8 × 33,9 und 47,6 × 35,2
Minima 41,0 × 32,9 und 42,0 × 30,0

Die Krickente bewohnt ähnlich wie die Stockente stehende Binnengewässer verschiedenster Art, soweit ihr die Ufer ausreichende Deckung bieten. Sie nistet auch auf kleinen Gewässern inmitten von Wäldern. Die Krickente legt ihr Nest ebenfalls in der Nähe oder am Rande des Wassers an. Sie versteckt sich sehr gut in den Binsen, in den Büscheln des Riedgrases, im dichten Röhricht und hohen Gras. Oft schützt sie sich auch unter dem Geäst niedriger Büsche. Mit Vorliebe nistet sie auf kleinen Inseln. Das Weibchen der Krickente baut sein Nest aus verschiedenem Pflanzenmaterial, das es in unmittelbarer Nähe des Standorts findet. Sie formt mit der Brust eine tiefe, gleichmäßige Mulde und legt sie mit feinen, trockenen Pflanzenteilen aus. Nach der Art der übrigen Enten polstert die Krickente das Nest mit dunkelgrauen Nestdunen, die schließlich einen aufgelockerten, weichen Kranz rings um das Nest bilden. Die Krickente legt acht bis zehn cremegelbe Eier, die 21 bis 23 Tage bebrütet werden. Nistart und Aufzucht der Jungen wie bei der Stockente.
Die Jungen werden, wie bei den übrigen Enten, nicht gefüttert und begeben sich bald nach dem Ausschlüpfen in Begleitung der Mutter auf das Wasser. Das Männchen kümmert sich überhaupt nicht um sie. Die ganze Familie hält sich in den Wasserpflanzen versteckt und ist nur am frühen Morgen und gegen Abend auf der Wasserfläche zu sehen. Die Jungen sammeln fleißig Wasserinsekten und andere Wirbellose an der Wasseroberfläche.

Reiherente
Aythya fuligula

Maße:
Durchschnitt 59,0 × 41,0
Maxima 66,9 × 41,1 und 63,9 × 47,2
Minima 53,0 × 37,8 und 57,8 × 37,4

Zur Nistzeit finden wir diese schwarzweiße Ente mit dem Federschopf auf stehenden oder nur mäßig fließenden Gewässern oder in geeigneten Meerbuchten. Da sie ihre Nahrung beim Tauchen auf dem Grund findet, sucht sie flache Gewässer mit niedrigen Ufern auf, die mit Röhricht, Binsen und Riedgras bewachsen sind und von Bäumen und Sträuchern beschattet werden. Ähnlich wie die Stockente lebt sie in einigen europäischen Städten auch auf den Seen und Teichen der Parks. Ihr Nest liegt gewöhnlich in unmittelbarer Nähe der Wasserfläche. Es ist klein und nach der Art der anderen Enten aus trockenen Pflanzenteilen gebaut, die in der Umgebung des Nistplatzes gesammelt werden. Die Mulde wird später mit feinerem Material ausgelegt und mit dunkelbraunen Dunen gepolstert, die in der Mitte einen kaum sichtbaren hellen Fleck aufweisen. Das Nest der Reiherente ist sehr gut versteckt. Es liegt meist im dichtesten Gewirr von Wasserpflanzen und ausgedehnten Bewachsungen von Gras, Ried- und Süßgras. Oft dienen Riedgrasbüsche, die vom Wasser umgeben sind, als Nistplatz. Selten ist das Nest mehr als 100 Meter vom Wasser entfernt. Besonders günstige Nistplätze bieten niedrige Inseln, auf denen auch mehrere Nester, wie die Andeutung einer Brutkolonie, nahe beieinanderliegen können.
Ist Gelegenheit vorhanden, so nisten Reiherenten gerne inmitten oder am Rand der Kolonien von Möwen und Seeschwalben. Wahrscheinlich fühlen sie sich hier sicherer, denn diese Vögel reagieren empfindlich auf jede Gefahr. Das Vollgelege enthält acht bis zehn, manchmal auch zwölf grüngraue Eier. Wenn noch mehr Eier im Nest liegen, stammen sie in der Regel von zwei oder mehreren Enten.

Höckerschwan
Cygnus olor

Maße:
Durchschnitt 112,8 × 73,5
Maxima   122,0 × 77,1 und 119,0 × 80,0
Minima   99,0 × 68,0

Der Höckerschwan ist in Europa recht häufig. Meistens sieht man jedoch zahme oder halbzahme, ausgesetzte Vögel. Die ursprüngliche Heimat der wilden Schwäne ist Nordeuropa. Auch in der Nistweise müssen wir zwischen zahmen, halbzahmen und wilden Schwänen unterscheiden, denn der zahme Schwan gibt sich oftmals mit ganz kleinen Parkseen zufrieden und nistet an Stellen, die der wilde Schwan niemals aufsuchen würde. Im Gegensatz dazu nisten verwilderte oder wilde Schwäne nur auf größeren Wasserflächen, auf Seen, großen Teichen, geräumigen Flußarmen oder Flußdeltas mit größeren Uferbereichen.
Das Nest ist in Uferpflanzen versteckt und auf den festen Boden oder ins flache Wasser gebaut, so daß der Unterbau bis auf den Grund reicht. Es ist ein bis zu 0,5 m hoher, annähernd kegelförmiger Haufen aus Ästen, Schilfhalmen und Binsen. Der Durchmesser des Fundaments beträgt 1,5—2 m, der der Mulde 40 bis 45 cm. Die Mulde ist mit weichen, trockenen und feuchten Materialien ausgelegt und enthält immer ein paar einzelne weiße Dunenfedern. Das Schwanennest liegt meist nahe der freien Wasseroberfläche. Ältere Vögel nähern sich ihm immer aus der gleichen Richtung, so daß im Pflanzenwuchs eine Art Korridor entsteht, in dem die Wasserpflanzen zerknickt sind und durch den die Schwäne das Nest leicht erreichen. Die fünf bis neun grüngrauen Eier werden 35 bis 36 Tage vor allem vom Weibchen bebrütet, das nur zeitweise vom Männchen abgelöst wird. Das Männchen hält sich sonst in der Nähe des Nestes auf. Die Schwäne bilden feste Paare, die viele Jahre zusammen leben.

Mäusebussard
Buteo buteo

Maße:
Durchschnitt 55,0 × 40,0
Maxima 62,5 × 47,1 und 59,0 × 49,0
Minima 49,8 × 40,2 und 51,0 × 39,1
unter Naturschutz

Der Mäusebussard gehört bis jetzt zu den häufigen Greifvögeln und verdient vollen Schutz, da er ein großer Feind der kleinen Nagetiere ist. Er nistet in zusammenhängenden Nadel-, Laub- und Mischwäldern in den Niederungen wie im Gebirge und in England sogar auf felsigen Ufern. Von dort fliegt er auf die Jagd ins freie Gelände auf Wiesen, Auen und Weiden. Sein Nest ist direkt am Stamm, manchmal auch auf Nebenästen, in zehn bis zwanzig Meter Höhe angebracht. Nur in waldlosen Gebieten nistet der Mäusebussard auf Felsen oder Abhängen.

Das Nest ist ein mächtiger Bau mit einem Durchmesser von 60 bis 85 cm. Den Unterbau bilden stärkere, den oberen Teil dünnere Äste. Die flache Mulde ist mit Gras, Laub, Tannenzweigen, Baumrinde, Moos und Tierhaaren ausgelegt. Auf dem Nest liegen gewöhnlich frisch belaubte Zweige oder Nadelreiser. Das Bussardpaar baut sein Nest selbst. Wenn es ein vorjähriges Nest verwendet, baut es immer an, so daß ein mehrere Jahre altes Nest erheblich hoch sein kann. Nur selten benutzen die Mäusebussarde verlassene Nester irgendwelcher anderer großer Vögel. Interessant ist, daß sich der Bussard mit der Auspolsterung und dem Bau der Nestmulde ziemlich viel Zeit läßt und den Nestrand erst dann zu erhöhen beginnt, wenn schon die Jungen ausgeschlüpft sind.

Das Weibchen legt zwei bis vier Eier. Sie sind mattweiß und haben violettgraue, oft auch leicht rosa Schalenunterflecken und gelbbraune, braune bis schokoladenbraune Oberflecken. Beide Partner brüten. Das Weibchen sitzt aber länger auf der Brut und besorgt ebenfalls das Füttern, während das Männchen Nahrung heranträgt.

Sperber
Accipiter nisus

Maße:
Durchschnitt 40,0 × 32,0
Maxima 46,7 × 35,0 und 45,5 × 36,0
Minima 34,0 × 28,3
unter Naturschutz

Während der Bussard zusammenhängende Wälder aufsucht, nistet der Sperber am liebsten in Gegenden, in denen kleinere Wälder mit offenem Gelände abwechseln. Er bevorzugt Nadelwälder und wählt als Nistplatz Fichtenwuchs in der Nähe von Bächen oder Fichtengruppen, die von Laub oder Mischwald umgeben sind. Nur im Notfalle horstet er auf Kiefern, Tannen oder sogar Laubbäumen.
Die Größe seines Nestes, das unmittelbar am Stamm aus starken Ästen gebaut ist, variiert je nachdem, ob es neu oder alt, das heißt schon mehrere Male benutzt ist. Der Neubau eines Nestes dauert ungefähr 15 Tage, und beide Partner beteiligen sich daran. Sein Durchmesser beträgt 25—40 cm, die Mulde ist verhältnismäßig tief (5—7 cm) und im Durchmesser 15—20 cm breit. Das aus trockenen Ästen gebaute Nest liegt etwa in halber Höhe der Baumkrone (3—8 m hoch) und ist von oben gut mit Zweigen getarnt. Die Nestmulde wird mit feineren Zweigen, Rindenstückchen, Nadeln, Moos, Haaren und manchmal auch Federchen ausgelegt. Auch der Sperber baut die Nestränder während der Nistzeit aus. Manchmal verwendet das Paar ältere Nester von Krähen, Tauben, Eichelhähern oder sogar Eichhörnchen. In diesem Fall bauen sie nur an.
Das Sperberweibchen legt vier bis sechs ovale Eier. Sie sind bläulichweiß und haben violettgraue Schalenunterflecken und dunkelbraune bis schokoladenbraune Oberflecken. Das Weibchen brütet allein, während das Männchen jagt und Nahrung heranträgt.

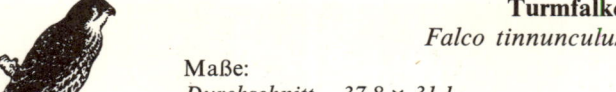

Turmfalke
Falco tinnunculus

Maße:
Durchschnitt 37,8 × 31,1
Maxima   47,2 × 30,7 und 41,5 × 34,2
Minima   35,4 × 29,7 und 34,0 × 27,5
unter Naturschutz

Der Turmfalke gehört zu den häufigsten Greifvogelarten. Man erkennt ihn am Flug, wenn er an einer Stelle rüttelt und dabei nach Beute — kleinen Nagetieren — späht. Wir treffen ihn deshalb im offenen Gelände an, wo er mühelos jagen kann. Wir können beim Turmfalken zwei Nistweisen unterscheiden. Er nistet sowohl auf Bäumen oder in Baumhöhlen als auch auf steilen Felsen und an Wänden. Ähnlich wie viele Felsenbewohner hat sich der Turmfalke an das Nisten auf höheren Türmen, in Ruinen und auf hohen Gebäuden, die oft inmitten großer Städte liegen, angepaßt. Er meidet das Innere ausgedehnter Wälder. Soweit er auf Bäumen nistet, stehen diese an Waldrändern oder in kleinen Feldgehölzen.

Der Turmfalke baut kein eigenes Nest. Er bezieht verlassene Nester von Krähen, Tauben, Elstern und verschiedenen Greifvögeln. Ein eigentliches Turmfalkennest kann also nicht beschrieben werden. Er wählt sich möglichst hochliegende Nester aus, meistens 12—20 m über dem Boden. Sein Felsennest findet er in verschiedenen Spalten, auf Simsen oder in kleinen Höhlungen. Das Weibchen legt fünf bis sieben Eier, deren Grundfarbe Gelbweiß ist und die ausdrucksvoll rotbraun und manchmal so dicht gefleckt sind, daß sich die Grundfärbung fast verliert. Der Anteil der Eltern am Brüten ist bei den einzelnen Paaren verschieden. Manchmal brütet nur das Weibchen, manchmal wird es vom Männchen abgelöst. Das Männchen muß jedoch in jedem Falle jagen und auch für das Weibchen Nahrung besorgen. Gebrütet wird 28 bis 31 Tage.

Jagdfasan, Edelfasan
Phasianus colchicus

Maße:
Durchschnitt 45,1 × 35,6
Maxima 50,0 × 35,5 und 48,0 × 39,0
Minima 39,0 × 36,5 und 41,0 × 32,1

Die ursprüngliche Heimat des Fasans liegt östlich des Schwarzen Meeres und erstreckt sich über den ganzen südlichen Teil des paläarktischen Asiens. Dort kommt er in zahlreichen geographischen Rassen vor. Seit der Fasan im Mittelalter in einige europäische Länder eingeführt wurde, hat er sich vollständig akklimatisiert und wurde stellenweise ein zahlreiches und ständiges Mitglied der europäischen Fauna. Er bewohnt Niederungen und Hügelland, vor allem die offene Landschaft, wo Wald und Feld abwechseln, lichte Mischwälder mit Strauchwerk und Staudenwuchs, Feldgehölze und Auwälder. In der Nähe von Wasser, dessen Ufer dicht mit Gebüsch und Schilf bewachsen sind, kommt er häufig vor. Die Fasanen bilden keine Paare, sondern ein Hahn hat mehrere Hennen. Deshalb bleibt ihnen auch die Brut und die Jungenpflege allein überlassen. Das Nest des Fasans ist eine flache Mulde auf dem Boden. Manchmal liegt es auch unter dem Geäst eines kleinen Busches oder unter größeren Blättern und Grashalmen, Brennesseln und anderen Stauden versteckt. Nur selten findet man ein Fasanennest inmitten von Äckern. Es liegt aber immer so, daß das Weibchen im Gefahrenfalle abfliegen kann. Die Nestmulde ist nur sparsam mit trockenen Halmen und Blättern ausgelegt.

Die Fasaneneier sind einfarbig olivbraun, graugrün oder graublau, ziemlich glänzend und nur wenig oval. Das Gelege enthält acht bis fünfzehn Eier, wobei die Regel gilt, daß junge Hennen weniger Eier legen. Das Weibchen setzt sich gewöhnlich erst nach der Ablage des letzten Eis auf das Nest und brütet 24 bis 25 Tage. Die Jungen werden nicht gefüttert. Bald nach dem Schlüpfen beginnen sie, unter Führung der Mutter Nahrung zu suchen.

Teichhuhn, Teichralle
Gallinula chloropus

Maße:
Durchschnitt 43,8 × 30,6
Maxima 54,0 × 31,5 und 46,0 × 34,2
Minima 35,3 × 29,8 und 36,2 × 26,0

Wahrscheinlich beherbergt jede kleine Wasserfläche, deren Ufer mit Röhricht, Binsen, Riedgras und anderen Wasserpflanzen bewachsen ist, diesen interessanten Vogel. Das Teichhuhn nistet sowohl in Buchten großer Teiche als auch auf ganz kleinen Weihern, Tümpeln und verwachsenen Kanälen. Auch in Buchten und toten Flußarmen kommt diese Ralle vor und sie soll sogar auf Brackwasser nisten. Die Teichralle wagt sich nicht auf die Weite der Wasserfläche hinaus, sondern hält sich direkt im Pflanzenwuchs oder an dessen Rand auf, von wo oft ihre klangvolle Stimme ertönt.
Das Pärchen baut gewöhnlich einige Nester, benutzt schließlich aber nur eines zur Aufzucht der Jungen. Das Nest steht meist über dem Wasser oder in dessen unmittelbarer Nähe und wird von Wasserpflanzen verdeckt, die das Teichhuhn auch als Baumaterial verwendet. Nur selten wählt sie als Nestunterlage verlassene Nester anderer Wasservögel. Oft kann man das Nest auf festem Boden irgendwo im weiten Gebüsch finden.
Die Grundlage für das Nest ergeben Ästchen und trockene Halme, Schilfblätter und Blätter anderer Pflanzen. Feinere Pflanzenteile, Wurzeln und Halme bilden den oberen Teil. Die Nestmulde hat einen Durchmesser von 15—25 cm und ist 10—15 cm tief. Nicht selten sind ihr grüne Pflanzenteile beigemischt. Beide Vögel bauen noch während des Brütens am Nest. Ihr Gelege besteht aus sieben bis zehn Eiern, die auf gelbem Grund rotbraun und schwarz gefleckt sind. Beide Partner brüten etwa 19 bis 22 Tage.

Bläßhuhn, Bläßralle
Fulica atra

Maße:
Durchschnitt   *52,5 × 35,8*
Maxima   *59,7 × 38,0 und 59,6 × 40,0*
Minima   *44,2 × 33,1*

Die Bläßhuhn bewohnt, ähnlich wie die Teichralle, verlandende Seen, Teiche, Weiher und stille Flußarme. Ihr Nest finden wir am ehesten inmitten von Röhricht, Binsen und anderen Wasserpflanzen. Im Gegensatz zum Teichhuhn liegt es in weniger dichtem Pflanzenwuchs. Das Bläßhuhn hat von ihrem Nest aus freien Zugang zum Wasser und baut nur selten auf festem Boden. Es wurden aber auch schon Nester beschrieben, die in Wiesen oder Feldern einige Meter vom Wasser entfernt lagen. In der Nähe des Nestes baut die Bläßralle manchmal noch weitere kleine Nester, die später von den Jungen beim Ausführen als Rastplätze benutzt werden.

Das eigentliche Nest des Bläßhuhns ist 15—20 cm hoch und aus trockenen Halmen und Blättern von Rohr, Schilf oder anderen Wasserpflanzen gebaut. Es schwimmt entweder auf dem Wasser, wobei es an den Pflanzen der Umgebung verankert ist, oder sitzt mit seinem Unterbau auf dem Grund. Oft überdecken die Bläßrallen ihre Nester mit einer Art Laube aus geknickten Blättern und Halmen des ringsum waschsenden Schilfs, so daß die Brut von oben vor feindlichen Blicken geschützt ist. Die flache Nestmulde ist nur selten mit feinerem Material ausgelegt. Um den Zugang zu ihr zu erleichtern, baut sich das Bläßhuhn einen niedrigeren Steg aus dem gleichen Material, aus dem das Nest besteht. Dabei bauen beide Elternteile.

Das Gelege enthält sieben bis zehn Eier, die glanzlos sind und auf gelblichgrauem Grund feine purpurrote Flecken tragen. Beide Eltern brüten 21 bis 24 Tage. Die Jungen verlassen das Nest nacheinander, sobald sie nach dem Ausschlüpfen abgetrocknet sind, und das Männchen führt sie, bis alle geschlüpft sind. Dann kümmern sich beide Eltern um die Jungen.

Kiebitz
Vanellus vanellus

Maße:
Durchschnitt 46,5 × 33,4
Maxima 58,0 × 32,5 und 47,4 × 37,2
Minima 41,0 × 30,4 und 46,8 × 30,0

Der Kiebitz ist ein häufiger Bewohner feuchter Wiesen und nasser Felder in der Nähe von Gewässern. Da die sumpfigen Wiesen aber entwässert und kultiviert werden, muß sich der Kiebitz auch mit verhältnismäßig trockenem Terrain begnügen und nistet manchmal direkt auf dem Feld. Oft findet man sein Nest sowohl auf feuchtem als auch auf trockenem Schlamm an Ufern von Teichen, Seen oder flachen Flußdeltas. Die Kiebitzmännchen führen ihre auffallenden Balzflüge, die sie mit klagenden Rufen begleiten, über dem Nistplatz aus. Den Standort des Nestes wählt das Männchen. Das Ausscharren einiger flacher Mulden gehört ebenfalls zur Balz. Die Mulden werden mit dem Körper geformt. Das Weibchen bestimmt eine davon als künftiges Nest. Aus der nächsten Umgebung holt es dafür spärliches Material wie Pflanzenstengel, Halme, Blätter, Holzstückchen und ähnliches zur Auspolsterung heran. Das Nest ist im durchnäßten Gelände höher und besser ausgelegt als an trockenen Stellen.
Wenn die Kiebitze zu nisten beginnen, ist der Pflanzenwuchs noch nicht sehr hoch, und der auf den Eiern sitzende Vogel ist weithin sichtbar. Sobald der Kiebitz einen Eindringling bemerkt, läuft er geduckt vom Nest weg und fliegt erst in gewisser Entfernung auf. Das unauffällige Nest verschwimmt gut mit der Umgebung, so daß man es nur schwer findet. Die Kiebitzeier sind durch ihre Schutzfarbe gut getarnt. Sie tragen auf olivgrauem Grund dichte, braunschwarze Flecken. Diese Flecken sind am stumpfen Pol dichter. Wie alle Sumpfvögel legen die Kiebitze in der Regel vier Eier, die mit dem spitzen Pol zur Nestmitte weisen. Früher wurden sie gesammelt und als besondere Delikatesse angesehen. Beide Partner brüten, das Männchen allerdings nicht so häufig wie das Weibchen. Die Brutdauer beträgt ungefähr 24 Tage.

Bekassine
Gallinago gallinago

Maße:
Durchschnitt   *39,6 × 28,5*
Maxima   *42,9 × 29,0 und 39,6 × 31,0*
Minima   *35,0 × 28,4 und 36,8 × 26,7*
unter Naturschutz

Die Bekassine ist ein Bewohner der Riedgrassümpfe, feuchter Wiesen, nasser überwucherter Ufer von Seen und Teichen, der Flußdeltas und Hochmoore. Sie braucht zum Nisten nicht unbedingt die Nähe einer Wasserfläche, aber sie ist doch nicht so anpassungsfähig wie der Kiebitz. Werden Sümpfe und nasse Wiesen trockengelegt, dann verschwinden auch die Bekassinen. Zur Nahrungssuche stechen sie nämlich mit dem langen Schnabel tief in den Boden, wozu weiches, sumpfiges Gelände Voraussetzung ist.

Das Nest der Bekassine liegt nicht weit von der Stelle entfernt, über der die Männchen ihre typischen Balzflüge ausführen. Ein Teil des Balzflugs ist der Sturzflug, bei dem die gespreizten Randfedern des Schwanzes der Bekassine zu schwingen anfangen, wobei ein „meckernder" Ton entsteht. Daher auch der Name „Himmelsziege". Das Nest der Bekassine ist gut in Grasbüscheln und Riedbänken versteckt. Es besteht aus einer Mulde, die sehr sparsam mit verschiedenen trockenen Pflanzenteilen ausgelegt ist. Obwohl die Bekassine beim Brüten am Nest noch anbaut, erreicht der ganze Bau kaum eine Dicke von drei Zentimetern.

Das Gelege von meistens vier Eiern bebrütet nur das Weibchen. Die Eier der Bekassine ähneln in der Form denen der anderen Sumpfvögel; sie sind scharf zugespitzt und liegen im Nest immer mit dem spitzen Pol zueinander. Ihre Grundfärbung ist olivgrün oder olivgelb. Sie haben mattgraue Schalenunterflecken und dunkelbraune Oberflecken. Das Weibchen, das 19 bis 21 Tage brütet, verläßt das Nest nur bei unmittelbarer Gefahr.

Großer Brachvogel
Numenius arquata

Maße:
Durchschnitt 67,8 × 47,5
Maxima 82,6 × 52,7 und 78,6 × 55,1
Minima 56,0 × 43,0 und 56,6 × 41,7
unter Naturschutz

Der Große Brachvogel sucht sich als Nistplatz ausgedehntes, flaches Gelände, wie zum Beispiel feuchte Wiesen, Sümpfe, Heiden und Hochmoore. Er nistet jedoch auch an verhältnismäßig trockenen Stellen, soweit sich ein Gewässer in unmittelbarer Nähe befindet. Es sind aber auch Nistplätze an sandigen, mit niedriger Vegetation bewachsenen Stellen in der Nähe der Küste bekanntgeworden. Am Nistplatz, wo meist eine größere Anzahl von Paaren siedelt, führen die Männchen des Großen Brachvogels zur Nistzeit ihre herrlichen Balzflüge aus und rufen dabei besonders melodisch.

Der Brachvogel nistet in einer einfachen Bodenmulde, meist an solchen Stellen, die ihm einen guten Überblick gestatten. Das balzende Paar dreht mit dem Körper gewöhnlich mehrere Nestvertiefungen aus, von denen es aber nur eine benutzt. Die Nistmulde hat ungefähr einen Durchmesser von 20 cm und ist reichlich mit Stengeln und Halmen ausgepolstert.

Das Weibchen legt in Intervallen von ein bis drei Tagen in der Regel vier Eier. Sie sind auf olivgrünem oder olivbraunem Grund mit grauen Schalenunterflecken und grünlich-dunkelbraunen Oberflecken übersät. Diese Flecken sind am stumpfen Pol des Eies dichter. Beide Partner brüten 26 bis 28 Tage. Die Jungen kriechen bald nach dem Schlüpfen in der Umgebung umher und können sich, vor allem wenn ihnen Gefahr droht, im Pflanzengewirr hervorragend verstecken. In diesem Fall umfliegen die Alten ängstlich den Eindringling und bemühen sich, ihn durch unaufhörliches Rufen auf sich aufmerksam zu machen und von den Jungen abzulenken.

Rotschenkel
Tringa totanus

Maße:
Durchschnitt 44,8 × 31,2
Maxima 48,5 × 31,1 und 44,7 × 33,4
Minima 40,8 × 28,5
unter Naturschutz

Zur Nistzeit können wir an nassen Stellen sowohl im Binnenlande als auch am Meeresufer die melodischen Rufe des Rotschenkels hören. Er nistet in der offenen Landschaft, in Uferwiesen, an Seen und Teichen und auch an fließenden Gewässern, in Flußdeltas und in der Nähe des Meeres. Wiesen mit hohem Graswuchs meidet er jedoch. Manchmal begnügt sich der Rotschenkel auch mit Moorland, und oft reicht ihm auch eine mit Gras bewachsene Stelle in der Nähe kleiner Tümpel oder sumpfiger Wiesen. Während der Balzflüge im Frühling läßt das Männchen neben mehrsilbigen, melodischen Rufen klare Triller hören. Es überfliegt dabei im Bogen seinen Nistplatz und schwingt nur mit den Flügelspitzen. Noch lange bevor das Weibchen beginnt, Eier zu legen, wählt das Männchen an einer feuchten Stelle im Gras und Ried den Nistplatz und höhlt eine ziemlich tiefe Grube aus, die das Weibchen mit trockenen Grashalmen und Blättern polstert. Oft bilden Ried- und Grashalme über dem Nest eine Art Dach, wodurch es auch von oben vollständig gegen Sicht geschützt ist. Im April oder Mai, ausnahmsweise auch im Juni (Ersatzgelege) legt das Weibchen vier kleine, glänzende Eier. Auf grauem oder graugelbem Grund tragen die Eier einzelne aschgraue Schalenunterflecken und verschieden große, oft ineinanderlaufende dunkelbraune Oberflecken. Männchen und Weibchen bebrüten das Gelege 22 bis 25 Tage und pflegen dann gemeinsam ihre Jungen.

Flußuferläufer
Tringa hypoleucos

Maße:
Durchschnitt 36,1 × 25,8
Maxima 40,2 × 26,6 und 39,0 × 27,9
Minima 32,8 × 25,3 und 36,9 × 24,8
unter Naturschutz

Diesen zierlichen Sumpfvogel finden wir zur Nistzeit an fließenden Gewässern, Bächen und Flüssen, deren flache Ufer verschlammt oder reich an Kies sind und von Büschen und Bäumen gesäumt werden. Manchmal nistet der Flußuferläufer auch an alten Flußarmen und Seen und an den Ufern von Talsperren. Er bewohnt vor allem das Hügel- und Bergland und oft auch Gewässer inmitten von Waldgebieten. Er ist eng an das Wasser gebunden. Die Paare nisten einzeln und weit genug voneinander entfernt. Ihren Nistplatz verraten sie durch ihre Balzflüge, die sie niedrig über dem Wasser ausführen und mit klarer, klingender Stimme begleiten.

Das Nest des Flußuferläufers besteht aus einer verhältnismäßig tiefen Mulde im Schlamm oder Sand, die mit trockenen Blättern oder Halmen ausgelegt ist. Es ist gut unter den breiten Blättern der Uferpflanzen oder dem Geäst von Strauchwerk versteckt. Es liegt näher oder weiter von der Wasserfläche entfernt und ist manchmal auch völlig vom Wasser umgeben. In der Umgebung des besetzten Nestes findet man normalerweise noch weitere Mulden, die während der Balz entstanden sind.

Wie die übrigen Sumpfvögel legt auch der Flußuferläufer meistens vier Eier. Sie glänzen und tragen auf schwach blaugrauem, meistens jedoch gelbrotem Grund blaugraue Schalenunterflecken und kleine, rotbraune Oberflecken und Punkte. Das Weibchen legt in Abständen von ein bis zwei Tagen. Beide Eltern brüten 21 bis 22 Tage; die Jungenpflege übernimmt aber hauptsächlich das Weibchen. Wenn Hochwasser die Brut zerstört, legen die Flußuferläufer ein Ersatzgelege. Sie nisten von Mai bis Juni.

Mantelmöwe
Larus marinus

Maße:
Durchschnitt 76,6 × 53,8
Maxima 82,1 × 53,3 und 77,0 × 57,0
Minima 69,4 × 49,0

Die Mantelmöwe nistet mit Vorliebe auf Ufern, Felsen, an kiesigen Stellen und auch auf flachen Inseln, die unweit der Küste liegen und mit Gras oder Gebüsch bewachsen sind. Manchmal, zum Beispiel in Nordeuropa, nistet sie auch an den Ufern von Süßwasserseen und großen Flüssen oder an Brackgewässern, die in Reichweite des Meeres liegen. Außerhalb der Brutzeit entfernt sie sich weit von ihrem Nistplatz.

Wie die meisten Meeresvögel bildet die Mantelmöwe große Brutkolonien, die sie allein oder in Gesellschaft mit anderen Seevögeln, zum Beispiel der Silbermöwe, bewohnt. Aber auch einzeln nistende Paare sind keine Seltenheit. Im Mai beginnen die Mantelmöwen ein neues Nest zu bauen oder ein altes zu reparieren. Das sind verhältnismäßig große Gebilde aus verschiedenen Pflanzen- und Holzteilen, die gewöhnlich mit Federn gepolstert sind und deren Rand manchmal mit Steinen oder Bruchstücken von Ästen eingefaßt wird. Das Nest hat einen Durchmesser von 60—70 cm, es ist 15—20 cm hoch, und die Mulde mißt 20—25 cm im Durchmesser.

Von Mai bis Juni legt das Weibchen im Verlauf von drei bis vier Tagen zwei bis vier, meistens aber drei Eier, deren Grundfärbung recht verschieden ist. Meist sind die Eier auf bräunlichem oder olivbraunem Grund grau und gelbbraun gefleckt. Die Brutzeit beträgt 26 bis 28 Tage. Beide Eltern sitzen abwechselnd von der Ablage des ersten Eies an auf dem Nest, so daß die Jungen im Verlauf von drei bis vier Tagen ausschlüpfen und sich in der Größe unterscheiden. Beide Eltern füttern; die Jungen sind etwa nach 45 Tagen flugfähig.

Silbermöwe
Larus argentatus

Maße:
Durchschnitt 70,5 × 49,1
Maxima 82,7 × 53,7 und 78,0 × 54,8
Minima 58,5 × 44,1

Die Silbermöwe ist ein Bewohner der Meeresufer. Ihre zahlreichen Brutkolonien finden wir an Steilküsten und auf felsigen oder flachen, sandigen Ufern, die kahl oder bewachsen sein können. In der Brutzeit ist die Silbermöwe jedoch nicht überall an das Meer gebunden, denn in Asien nistet sie zum Beispiel auch an Binnenseen und in den Mündungen großer Flüsse. Die Kolonien bestehen oft aus einigen hundert Paaren; aber auch einzeln nistende Paare sind keine Seltenheit. Dem Nestbau geht eine interessante Balz voraus, die auch während des Brütens fortdauert. Beide Partner beteiligen sich am Nestbau. Aus trockenen Gräsern errichten sie ein neues Nest oder reparieren das alte des Vorjahres. Dazu benötigen sie ungefähr drei Tage, wobei sie das Material in der nächsten Umgebung sammeln. Das Nest hat einen Durchmesser von 50—70 cm und erreicht eine Höhe von bis zu 27 cm. Die mit Federn ausgelegte Mulde ist 25 cm breit. Das Nest liegt entweder frei oder ist im Schutze von Grasbüscheln und Sträuchern angelegt.
Das Weibchen der Silbermöwe legt von Ende März bis Anfang Juni gewöhnlich drei, seltener zwei oder vier Eier, die recht verschieden gefärbt sind. Meist tragen sie auf olivgrünem oder gelbbraunem Grund dunkelgraue Schalenunterflecken und schwarzbraune Oberflecken, Striche und Punkte. Beide Vögel brüten durchschnittlich 26 Tage. Die Jungen schlüpfen in Abständen von ein bis zwei Tagen, verlassen schon bald das Nest und suchen vor intensiver Sonnenbestrahlung und Unwetter im Pflanzenwuchs Schutz. Die leeren Eischalen bleiben gewöhnlich im Nest liegen. Nach sechs Wochen sind die Jungen flugfähig.

Sturmmöwe
Larus canus

Maße:
Durchschnitt *56,2 × 40,8*
Maxima *64,8 × 41,3 und 64,4 × 45,0*
Minima *53,3 × 41,0 und 56,4 × 36,0*

Die Sturmmöwe ist kein ausgesprochener Seevogel, denn sie nistet sowohl an Salz- als auch an Süßgewässern, auf Hügeln und Anhöhen. Sie bevorzugt entweder felsige oder mit Gras bewachsene Stellen an der Küste oder an den Ufern von Flüssen und Seen des Binnenlandes. Die Sturmmöwe ist nicht so gesellig wie andere Möwen und nistet in kleineren Kolonien und oft sogar einzeln. Das Nest bauen beide Partner im Verlaufe von zwei bis drei Tagen aus trockenen Ästchen, Stengeln und Blättern, Wasserpflanzen, Moos und Flechten. Sein äußerer Durchmesser beträgt 20—30 cm, die Höhe 3—7 cm. Je nach der Unterlage, auf der es liegt, ist es recht verschieden geformt. So sind zum Beispiel Nester, die an feuchten Stellen liegen, viel höher als die auf trockenem Boden.
Die Sturmmöwen nisten wie die anderen Möwen nur einmal jährlich von April bis Juni. Das vollständige Gelege besteht meistens aus drei Eiern, oft aber nur aus zwei, selten aus vier bis fünf, die das Weibchen in Abständen von 1,5 bis 2 Tagen legt. Die Grundfärbung der Eier ist sehr variabel. Sie können grau, olivgrau oder bräunlich, manchmal sogar grünlich oder hellblau sein und dunkelbraune Flecken und Striche tragen. Gebrütet wird 26 bis 28 Tage, wobei sich beide Partner alle zwei bis drei Stunden auf der Brut ablösen. Die Eltern beginnen in der Regel erst dann zu brüten, wenn das Gelege vollständig ist. Die Jungen verlassen im Alter von drei bis fünf Tagen das Nest und halten sich in dessen Nähe auf. Ihre Entwicklung dauert 57 bis 60 Tage. Verhältnismäßig viele Eier und Jungvögel werden durch große Möwenarten und Raubmöwen erbeutet.

Lachmöwe
Larus ridibundus

Maße:
Durchschnitt   *52,6 × 37,0*
Maxima   *60,0 × 41,3 und 58,5 × 42,1*
Minima   *46,0 × 38,6 und 49,0 × 31,2*

Auch wenn die Lachmöwe hier und da an der Küste nistet, muß man sie doch zu den Binnenland-Vögeln rechnen. Sie nistet überwiegend an stehenden oder nur mäßig fließenden Süßgewässern, deren Ufer dicht mit Röhricht und Ried bewachsen sind. Die zahlreichen Kolonien der Lachmöwe, die bis zu mehrere tausend Brutpaare umfassen, finden wir in den stillen Buchten von Seen, Teichen, toten Flußarmen oder auf flachen Inseln. Am Meeresufer nistet die Lachmöwe an ähnlichen Stellen oder auf sandigen bzw. felsigen Hügeln.

Die Nester liegen auf dem flachen Boden oder sind so an Wasserpflanzen befestigt, daß sie völlig vom Wasser umschlossen sind. Sie werden von beiden Partnern aus Halmen und Blättern von Röhricht, Ried und ähnlichem gebaut. Im Gegensatz zu den Nestern, die auf dem Lande liegen und nur aus einigen nachlässig zusammengetragenen Stengeln bestehen, sind die Wassernester mächtige Bauten, deren Fundament bis auf den Grund reicht.

Das vollständige Gelege der Lachmöwe umfaßt gewöhnlich drei Eier. Sobald im Nest mehr als vier Eier liegen, gehören sie zwei Weibchen, die in das gleiche Nest legen. Die Eier sind meist rostig grünlich gefärbt, mit grauen Schalenunter- und dunkelbraunen Schalenoberflecken. Es gibt aber auch Eier mit blaßblauem und rötlichem Grund. Die Altvögel beginnen erst nach der Ablage des letzten Eies mit dem Brüten und lösen sich dabei ab. Die Jungen schlüpfen nach 22 bis 24 Tagen und bleiben nur einige Tage unter dem schützenden Körper der Eltern im Nest. Sie werden von beiden Eltern gefüttert. Das Nest verlassen sie alleine und verstecken sich im Pflanzengewirr der Umgebung. Im Alter von fünf bis sechs Wochen können die Jungen schon fliegen.

Dreizehenmöwe
Rissa tridactyla

Maße:
Durchschnitt 56,6 × 41,2
Maxima 60,8 × 43,2
Minima 47,1 × 35,3

Die Dreizehenmöwe lebt während der Nistzeit und auch sonst größtenteils am Meer. Sie gehört zu den regelmäßigen Bewohnern der Vogelberge. Die Brutkolonien dieser Möwe umfassen nicht selten einige tausend Paare. Kleine Gruppierungen sind nicht üblich und Nester im Binnenland sehr selten.
Die Dreizehenmöwen errichten ihre Nester auf unzugänglichen Felsvorsprüngen und Simsen. Männchen und Weibchen bauen sie gemeinsam aus Moos, Tang und gegebenenfalls auch aus anderen Wasserpflanzen. Die Nester sind sehr fest, denn ihr Rand ist mit Kot oder Lehm ausgesteift. In schmalen Felsspalten können die Nester bis zu 100 cm hoch werden. Ihr äußerer Durchmesser beträgt 25 bis 30 cm, der Durchmesser der Mulde 15 bis 20 cm. Die Dreizehenmöwe benutzt auch alte Nester, die sie repariert und anbaut. Diese Vögel kehren nämlich alljährlich in ihre alten Kolonien zurück, und ein Paar bewohnt wahrscheinlich mehrere Male das gleiche Nest. Solche alten, mehrfach benutzten Nester können bis zu 10 Kilogramm wiegen.
Das Weibchen legt meistens Ende Mai oder Anfang Juni zwei, selten drei Eier. Das Ersatzgelege enthält ein Ei. Die Eier sind grobkörnig und glanzlos. Sie tragen auf mattem, graugelbem oder rötlichem bzw. bräunlichem Grund aschgraue und violettgraue Schalenunterflecken und gelbe bis schwarzbraune Schalenoberflecken. Die Flecken sind nicht besonders dicht gesät. Beide Eltern brüten 21 bis 24 Tage. Die Jungen fliegen nach vier bis fünf Wochen aus. In dieser Zeit werden sie von den beiden Alten gefüttert, die sie auch noch kurze Zeit danach versorgen.

Flußseeschwalbe
Sterna hirundo

Maße:
Durchschnitt 41,6 × 30,1
Maxima 45,9 × 29,1 *und* 42,2 × 32,5
Minima 35,7 × 28,3 *und* 41,6 × 25,0
unter *Naturschutz*

Die Flußseeschwalbe ist ein Vogel der Ufer fließender und stehender Binnengewässer. Am Meeresufer nistet sie in der Regel nur in der Nähe von Flußmündungen oder in Lagunen. Meist legt sie ihre Kolonien auf Schlamm- oder Sandbänken nahe dem Wasserspiegel an. Steigt das Wasser, so wird oft der ganze Nistplatz vernichtet. Auch Inseln mit spärlicher, niedriger Vegetation dienen oft als Kolonieplatz. Ende April, Anfang Mai kehren die Flußseeschwalben von ihren Überwinterungsgebieten in Südafrika zurück und beziehen schnell ihre oft jahrelang benutzten Kolonien. Hierbei kommt es auf dem Boden und in der Luft zu interessanten Balzspielen. Die Flußseeschwalben nisten in selbständigen Kolonien oder gemeinsam mit anderen Seeschwalben und Möwen, jedoch in isolierten Gruppen.

Das Männchen höhlt während der Balz einige Nestmulden aus, von denen das Weibchen eine zur Ablage der Brut wählt. Das Nest ist sehr bescheiden mit Halmen, Blättern oder feinen Ästchen ausgelegt. In nassem Gelände kann der Bau jedoch 20 cm hoch werden. Von Ende Mai bis Anfang Juni legt das Weibchen ungefähr drei, seltener zwei bis fünf Eier. Sie sind braungrün oder graugrün und mit großen grauen Schalenunter- und kleineren dunkelbraunen Schalenoberflecken bedeckt. Wie bei den meisten Seeschwalben brütet vorwiegend das Weibchen. Die Jungen schlüpfen nach 20 bis 23 Tagen aus, verlassen nach einigen Stunden das Nest und verstecken sich in der Umgebung. In den ersten Tagen kehren sie noch zum Nest zurück, und nach 30 Tagen können sie fliegen. Hiermit endet aber die Aufgabe der Eltern noch nicht, denn sie füttern die Jungen noch bis zum Abflug ins Winterquartier Ende August, Anfang September.

Küstenseeschwalbe
Sterna paradisaea

Maße:
Durchschnitt 40,2 × 29,3
Maxima 47,0 × 24,0 und 45,8 × 33,6
Minima 35,5 × 28,0 und 36,6 × 27,4
unter Naturschutz

Schon Ende April taucht die Küstenseeschwalbe nach langer Reise an ihren regelmäßigen Nistplätzen auf. Sie gehört zu den größten Wanderern unter den Vögeln. Durch Beringung konnte man feststellen, daß die Küstenseeschwalbe von ihren nördlichen Nistplätzen die Küsten entlang bis in die Antarktis zieht. Bei der Rückkehr ist sie schon verpaart. Die Balzzeit beginnt, und nach zwei bis drei Wochen fangen die Vögel an zu nisten. Hier und da siedeln sich die Küstenseeschwalben auch im Binnenland an Seen und Flüssen an. Im Norden nisten sie üblicherweise in den Tundren.
Die Mehrzahl ihrer Kolonien liegt aber an der Küste. Die Küstenseeschwalbe sucht gewöhnlich flache Sand- und Schlammbänke oder kiesige Flächen in unmittelbarer Nähe des Meeres auf. Hierbei zieht sie Plätze vor, die mit niedrigem Gras oder anderer Vegetation bewachsen sind. In den Kolonien, in denen sie oft mit den übrigen Seeschwalben nistet, sind ihre Nester lockerer verstreut als zum Beispiel die der Flußseeschwalbe. Die Nistmulden, 10 cm im Durchmesser, sind manchmal so flach, daß sie vom umgebenden Boden nur schwer zu unterscheiden sind. Die Seeschwalben legen ihre Eier meist auf die nackte Erde, manchmal legen sie das Nest auch spärlich mit Halmen, Gras, Tang und auch kleinen Muscheln oder Steinen aus. Auf felsigem Grund verwenden sie auch weit herangetragenes Moos zum Auspolstern.
Die Küstenseeschwalben nisten im Mai bis Juni. Das Gelege enthält gewöhnlich zwei Eier. Die in der Farbe sehr den Eiern der Flußseeschwalbe ähneln. Die Grundfarbe ist Grau, Oliv oder Bräunlich mit schwarzbraunen Flecken, die oft ineinanderfließen. Beide Partner brüten, das Weibchen jedoch länger als das Männchen. Die Brutzeit dauert 21 bis 22 Tage. Wie auch die übrigen Seeschwalben, nistet die Küstenseeschwalbe nur einmal jährlich.

Zwergseeschwalbe
Sterna albifrons

Maße:
Durchschnitt 32,3 × 23,8
Maxima 36,4 × 23,5 und 31,7 × 25,3
Minima 29,1 × 22,0 und 30,6 × 22,0
unter Naturschutz

Diese kleine Seeschwalbe finden wir zur Brutzeit sowohl am Meeresufer als auch an Binnengewässern. Sie hält sich normalerweise abseits der großen Kolonien der übrigen Seeschwalben und gründet ihre eigenen, kleinen Kolonien an stillen, abgelegenen Orten: auf Sand- und Schlammbänken von Seen und Flüssen, an Bach- und Flußmündungen ins Meer und auf flachen Inseln. Sie sucht oft steinige und sandige Stellen ohne jede Vegetation auf. Das Nest, eine einfache Vertiefung, wird vom Weibchen gebaut und ist manchmal ohne jede Unterlage; anderswo wiederum ist es mit trockenem Gras oder Muscheln ausgelegt. Wird es vom Wasser überschwemmt, nistet das Paar zum zweiten Male.

Das Weibchen der Zwergseeschwalbe legt Ende Mai, Anfang Juni meistens zwei Eier (selten drei bis vier) und löst sich 20 bis 22 Tage lang mit dem Männchen beim Brüten ab. Das Männchen beteiligt sich weniger, trägt dem brütenden Weibchen aber Nahrung herbei. Die Eier sind auf sandgelbem oder braungelbem Grund mit violettgrauen Unterflecken und ziemlich kleinen, schwarzbraunen Oberflecken bedeckt. Die Eier sind genauso verschiedenartig gefärbt wie bei den anderen Seeschwalben, so daß auch einfarbig bläuliche und sogar fleckenlose und andererseits wieder sehr dunkle Eier vorkommen können. Nach dem Schlüpfen der Jungen entfernen die Alten die leeren Eischalen. Die Jungen verlassen das Nest schon einige Stunden nach dem Schlüpfen und kehren nicht mehr zurück. Die Alten schützen sie noch ein paar Tage mit dem Körper und versuchen sie gegebenenfalls in eine neuerrichtete Nestmulde zu locken. Die jungen Zwergseeschwalben entwickeln sich sehr schnell und können schon nach 15 bis 17 Tagen fliegen.

Tordalk
Alca torda

Maße:
Durchschnitt   *74,9 × 47,3*
Maxima   *82,4 × 44,1 und 75,9 × 52,4*
Minima   *63,5 × 44,7 und 68,1 × 44,0*
unter Naturschutz

Der Tordalk bewohnt einige Küsten des Nordatlantiks. Er ist ein typischer Seevogel, der einen beträchtlichen Teil seines Lebens an dem Meer verbringt. Nur in der Brutzeit kehrt er alljährlich auf seine Nistplätze, jene bekannten Vogelberge, zurück, wo bis zu tausend Vögel nebeneinander leben und nisten. Die Vogelberge sind gewöhnlich steile, felsige Inseln oder Klippen. Hier lebt der Tordalk oft in Gemeinschaft mit Lummen und einigen Möwenarten. Er bildet aber kleine, abgeschlossene Gruppen am Rande der Kolonien dieser Vögel, und manchmal nisten die einzelnen Paare solitär 50 bis 100 Meter voneinander entfernt.
Die Alke suchen ihre Nistplätze im zeitigen Frühjahr auf, sobald es die Witterungsverhältnisse erlauben. Sie nisten einmal jährlich. Das Weibchen legt in der Zeit von Mai bis Juni ein einziges, kreiselförmiges Ei auf den nackten Boden oder Felsen, gewöhnlich an den Rand einer Spalte oder Höhlung. Manchmal legen die Altvögel frei um das Ei einige Halme oder Steinchen.
Das einzige Ei hat eine verhältnismäßig grobe Schale, ist glanzlos und in der Farbe ungewöhnlich variabel. Es kann weißlich bis braun oder grünlich gefärbt sein mit mattgrauen Schalenunterflecken und schokoladebraunen bis schwarzbraunen Oberflecken. Die Eltern brüten 26 bis 35 Tage. Der Jungvogel benötigt zum Schlüpfen zwei bis drei Tage. Noch nicht völlig befiedert und mit nicht entwickelten Handschwingen gelangt er im Alter von ungefähr 19 bis 20 Tagen fallend oder rutschend fliegend auf die Wasseroberfläche. Die Alten kümmern sich noch um das Junge, füttern es aber nicht mehr. Die Jungvögel können gut tauchen und suchen sich ihre Nahrung selbst.

Trottellumme
Uria aalge

Maße:
Durchschnitt   *80,7 × 49,4*
Maxima   *89,5 × 52,9 und 80,0 × 53,0*
Minima   *73,8 × 46,4 und 84,1 × 43,8*

Die Lumme ist ein typischer Bewohner der Vogelberge, der Vogelkolonien auf steilen Felsen und Inseln im Atlantischen und Stillen Ozean. In diesen Kolonien ist sie von allen Vögeln am häufigsten. Ihre Nachbarn sind Alke, Sturm- und Dreizehenmöwen. Außerhalb der Brutzeit hält sich ein Teil der Koloniebewohner auf dem Meer in der weiteren Umgebung des Nistplatzes auf. Der andere Teil fliegt weit nach Süden bis zu den Kanarischen Inseln und bis ins Mittelmeer. Die Lummen beziehen ihre Kolonien von Ende April bis Anfang Mai, und bei der Auswahl der Brutreviere kommt es oft zu Raufereien.

Die Lumme baut sich, wie auch der Tordalk, kein Nest. Das Weibchen legt sein einziges Ei Ende Mai, Anfang Juni auf kahle Steine oder in die dünne Erdschicht auf Felsvorsprüngen und Simsen oder in Felsspalten. Zu Beginn der Brutsaison stürzen viele Eier bei den Auseinandersetzungen oder beim Abflug der Vögel von den manchmal nur 20 cm breiten Simsen ab. Sie rollen jedoch nicht so leicht wie andere Eier, da sie kreiselförmig ausgebildet und durch eine Verstärkung der Schale am spitzen Pol geschützt sind. Die Trottellummen nisten jährlich einmal, bei Verlust des Eies aber auch zwei- oder dreimal.

Die Lummeneier sind sehr verschieden gefärbt. Sie sind immer glanzlos und können in der Grundfarbe sehr dunkel sein — dunkelgrün oder blaugrün oder aber hellbraun oder weißlich. Die schwarz- oder rostbraunen Flecken und Schnörkel verdichten sich oft am stumpfen Pol. Beide Eltern lösen sich beim 28 bis 36 Tage dauernden Brüten regelmäßig ab. Nach drei bis vier Wochen verläßt das noch nicht ganz befiederte Junge den Nistplatz durch einen Sprung ins Wasser oder auf das steinige Ufer.

Hohltaube
Columba oenas

Maße:
Durchschnitt   *37,0 × 27,7*
Maxima   *43,0 × 30,3 und 36,0 × 31,0*
Minima   *33,5 × 26,5*

Die Hohltaube ist die einzige europäische Taube, die in hohlen Bäumen nistet. Sie bewohnt zusammenhängende Laub-, Misch-und Nadelwälder, soweit es in ihnen alte, hohle Bäume gibt. Am zahlreichsten findet man sie in den mittleren Lagen. Wir können sie aber auch in den Laubwäldern von Niederungen und in den mittleren Höhenlagen der Gebirge antreffen. In den westeuropäischen Ländern beginnt sie sich an die Gegewart des Menschen zu gewöhnen und nistet auch in alten Gärten und in Alleen am Rande der Siedlungen.

Zum Nisten sucht die Hohltaube sowohl natürliche Höhlungen, die durch Ausfaulen der Bäume oder beim Abbrechen großer Äste entstanden, als auch alte Nisthöhlen der Spechte auf. Manchmal zieht sie auch in die alten Nester von Greif- und Rabenvögeln, in Nistkästen und sogar in Kaninchenbaue ein. Auf dem Balkan nistet sie in den Höhlen von Sandstein- und Lehmwänden. Je nach Geräumigkeit legt sie ihre Nisthöhle auch aus. In den verhältnismäßig engen Spechthöhlen ist die Polsterung spärlich; in geräumigen Nistkästen baut sie eine starke Schicht aus zusammengetragenen Halmen, Ästchen, Blättern, Wurzeln, Moos und Flechten.

Die Hohltaube brütet normalerweise von Ende März bis Anfang August zweimal jährlich, seltener drei- oder sogar viermal. Sie wechselt ihre Nisthöhlen. Das Weibchen legt im Laufe von zwei bis drei Tagen meistens nur zwei Eier und bebrütet sie abwechselnd mit dem Männchen 16 bis 17 Tage. Die Eier sind weiß, glänzend und regelmäßig elliptisch geformt. Die Jungvögel sind 8 bis 10 Tage blind, und beide Eltern füttern sie mit einem besonderen Sekret des Kropfes. Erst später bekommen sie auch Pflanzennahrung. Die jungen Hohltauben bleiben 20 bis 30 Tage in der Nisthöhle.

Ringeltaube
Columba palumbus

Maße:
Durchschnitt 40,1 × 28,7
Maxima 47,8 × 33,0
Minima 45,6 × 32,2

Der Lebensraum der Ringeltaube sind die Wälder der Niederungen und Berge. Sie unterscheidet nicht zwischen den Holzarten und nistet im Laubwald genauso wie im Misch- und Nadelwald. Man trifft sie jedoch am Waldrand eher an als in tiefen, ausgedehnten Forsten. In Westeuropa siedelt sie seit ungefähr 100 Jahren auch in Stadtgärten und Parks, und man trifft sie in einigen Städten auch auf den Rasenflächen der Parkanlagen an. Ihr Nest ist ein schlichter, liederlicher Bau aus Ästchen aller Art und oft so einfach, daß das Licht hindurchscheint. Gelegentlich nistet die Ringeltaube auch in alten, verlassenen Nestern von Raben- und Greifvögeln oder Eichhörnchen.

Das Nest der Ringeltaube ist bei Laubbäumen meistens auf Seitenästen, bei Nadelbäumen am Stamm in 5—20 m Höhe angebracht. Es hat einen Durchmesser von 30—40 cm und ist 7—14 cm hoch; die Mulde ist 3—5 cm tief. Die Nestmulde ist nicht besonders ausgelegt. Die Ringeltaube nistet jährlich in der Zeit von Mai bis August, gewöhnlich zweimal, seltener dreimal. Das Weibchen legt zwei ovale, weiße, glänzende Eier. Beide Partner beteiligen sich am Brutgeschäft, wobei das Männchen das Weibchen oft in der Mittagszeit ablöst. Die Jungen schlüpfen nach 16 bis 18 Tagen. Ungefähr die ersten zehn Tage sind sie blind, und die Alten verbergen sie zwei Wochen lang. Als typische Nesthocker bleiben die Jungen drei bis vier Wochen im Nest und werden von den Alten gefüttert. Erst nach 35 Tagen können sie fliegen. Auch dann füttern die Eltern sie noch kurze Zeit.

Turteltaube
Streptopelia turtur

Maße:
Durchschnitt 29,9 × 22,8
Maxima 33,9 × 23,2 und 31,5 × 24,9
Minima 27,0 × 21,0 und 28,6 × 20,0

Die Turteltaube finden wir überall dort, wo es lichte Wälder mit Unterholz gibt. Reinen Nadelwäldern zieht sie Haine aus Misch- und Laubgehölz vor. Sie nistet auch in den Büschen der Feldraine, an den Ufern von Gewässern und Mooren, soweit sie von Bäumen und Strauchwerk gedeckt sind, und in Hecken und alten Gärten. In den europäischen Gebirgen kommt sie bis zu einer Höhe von ungefähr 1000 m vor. Sie bringt ihr Nest auf den waagerechten Ästen der Büsche und Bäume 2—6 m über dem Boden an. Ähnlich wie bei der Ringeltaube ist es nur ein primitiver Bau, eine niedrige Schicht aus trockenen Ästchen, Wurzeln oder groben Halmen. Auch durch dieses Nest kann das Licht hindurchscheinen. Sein äußerer Durchmesser beträgt 20—25 cm, seine Höhe 4—5 cm. Die Mulde ist flach. Am Nestbau beteiligen sich beide Partner. Manchmal verwendet die Turteltaube alte Nester anderer Vögel (Drossel, Würger) als Unterlage. Mitte Mai werden die ersten Eier gelegt; die Brutzeit zieht sich bis zum Juli hin. Die Turteltaube nistet zweimal jährlich. Ihr Gelege umfaßt gewöhnlich zwei Eier, die gleichmäßig oval sind und weiß glänzen.
Beide Eltern brüten. Die Jungen schlüpfen nach 14 bis 16 Tagen und werden ähnlich wie bei den anderen Taubenarten mit einem Sekret des Kropfes, der sogenannten „Taubenmilch" gefüttert. Nach ungefähr zehn Tagen gehen die Alten beim Füttern allmählich auf Pflanzenkost über. Die Jungen bleiben 18 bis 23 Tage im Nest. Bei Gefahr verlassen sie es aber viel früher und halten sich dann auf den umliegenden Ästen auf. Erst zwei bis drei Tage nach dem Verlassen des Nestes fliegen sie selbständig.

Schleiereule
Tyto alba

Maße:
Durchschnitt *39,8 × 30,6*
Maxima *45,0 × 33,4 und 39,0 × 33,5*
Minima *36,2 × 31,2 und 37,5 × 28,1*
unter *Naturschutz*

Die Schleiereule ist ein Vogel der Niederungen und des Hügellandes; sie kommt in Europa nur selten in Höhen über 700 m vor. Sie nistet vor allem in kleinen Ansiedlungen und Städten, in Ruinen, Burgen und Schlössern, in Kirchtürmen, auf Dachböden und ähnlichem. In Großstädten hält sie sich nur dann auf, wenn sie in der Umgebung jagen kann. Ursprünglich nistete sie in Felsen, wo man sie in manchen Gebieten auch heute noch antreffen kann.

Die Schleiereule ist einer der wenigen Vögel, deren Brut wir das ganze Jahr über finden können. Sie legt normalerweise im April/Mai ihre Eier. Unter günstigen Umständen, das heißt, wenn reichlich Nahrung vorhanden ist, kann sie auch von Februar bis November nisten, so daß wir ihre Jungen auch im Winter finden. Normalerweise nistet sie jährlich nur einmal, unter günstigen Bedingungen auch zweimal. Dagegen kann sie gar nicht brüten, wenn es nicht genügend kleine Nagetiere gibt. Die Schleiereule baut kein Nest. Beim Brüten entsteht lediglich eine flache Vertiefung in der lockeren Unterlage; gegebenenfalls bildet sich um die sitzende Eule aus deren Gewöllen die Andeutung eines Nestes. Das Gelege besteht im Normalfall aus vier bis sechs Eiern, sehr selten wurden im Nest bis zu 13 Eier festgestellt. Die Eier sind elliptisch, ähneln denen der anderen Eulen, sind kalkweiß, feinkörnig und glanzlos. Das Weibchen brütet allein; das Männchen versorgt es mit Nahrung. Gebrütet wird 30 bis 40 Tage. Da das Weibchen die Eier in Abständen von ein bis zwei Tagen legt, finden wir auch bei den Jungen erhebliche Größenunterschiede. In den ersten 10 bis 11 Tagen haben die Jungen verklebte Augenlider und können nicht sehen. Sie werden von beiden Alten gefüttert und bleiben sieben bis neun Wochen im Nest. Erst im Alter von 86 Tagen können sie fliegen.

Steinkauz
Athene noctua

Maße:
Durchschnitt 35,6 × 29,5
Maxima 39,4 × 28,3 und 37,5 × 31,0
Minima 31,0 × 28,0 und 33,5 × 25,7
unter Naturschutz

Der Steinkauz kommt in den niederen und mittleren Lagen in offener Landschaft überall dort vor, wo er ausreichend Höhlungen und geeignete Nistplätze findet. Er meidet lediglich große Waldgebiete. Am liebsten siedelt er in alten Alleen, Anlagen und Gärten, an Stellen mit steilen Fels-, Sand- oder Lehmwänden, in denen es Spalten und Höhlen gibt. Oft sucht er die Nähe von Siedlungen und Weilern, abgelegene Scheunen, Schuppen, Ziegeleien, alte Fabriken oder Türme, Kirchen und Ruinen.

Der Steinkauz baut kein Nest. Das Weibchen legt von Anfang April bis Ende Mai vier bis fünf, ausnahmsweise auch bis acht Eier. Es brütet in der Höhlung eines 3—4 m hohen Baumes oder unter dem Dach eines verlassenen Gebäudes, in der Höhle einer Sandsteinwand oder, wenn kein geeigneter Nistplatz vorhanden ist, auch in Kaninchenbauen. Die Eier liegen einfach auf der Unterlage.

Das Steinkauzpaar hat nur einmal, selten zweimal jährlich Junge. Die Eier sind kalkweiß, glanzlos, breit elliptisch bis rundlich und feinkörnig. Das Weibchen beginnt nach der Ablage des letzten Eies mit dem Brüten und sitzt alleine 28 bis 29 Tage lang auf der Brut. Gefüttert werden die Jungen von beiden Eltern. Sie tragen ihnen auch bei Tag Nahrung heran. Die Jungen bleiben vier bis fünf Wochen in der Höhle und können erst mit fünf Wochen fliegen.

Waldkauz
Strix aluco

Maße:
Durchschnitt 48,2 × 38,7
Maxima 51,7 × 39,0 und 47,0 × 40,8
Minima 42,3 × 36,0 und 46,5 × 34,4
unter Naturschutz

Der Waldkauz ist vor allem ein Waldvogel; er bewohnt aber auch alte Alleen, Parks und Gärten. Er bevorzugt Laub- oder Mischwald, soweit in ihm alte Bäume mit Höhlen oder wenigstens Halbhöhlen, die durch Ausfaulen oder Abbrechen starker Äste entstanden, vorhanden sind. Findet er keinen solchen natürlichen Nistplatz, so siedelt er auf dem Boden von Waldscheunen, auf dem Fußboden von Hochständen, in Felshöhlen, in alten Nestern anderer Vögel oder sogar manchmal auf der Erde an Baumstämmen oder zwischen Wurzeln. Er kann auch aus tiefen Höhlen ausgefaulter Baumstämme gut an- und abfliegen. Der Waldkauz baut sich nie ein eigenes Nest. Ihm fehlt der Instinkt zum Sammeln des Materials und zum Nestbau. Schon im Dezember und Januar können wir in der Umgebung des Brutplatzes sein Heulen hören, das mit zur Balz gehört. Er nistet sich jedoch durchschnittlich erst Mitte März ein. Aber auch Februar-Bruten sind keine Seltenheit. Der Waldkauz nistet gewöhnlich nur einmal jährlich und legt zwei bis vier, selten bis sieben Eier. Die Eier sind elliptisch, fast rund, weiß und glatt mit schwachem Glanz und vereinzelten kleinen Kalkhöckern. Das Weibchen beginnt sofort nach der Ablage des ersten Eies zu brüten. Die anderen Eier legt es in Abständen von zwei bis drei Tagen. Nach 28 bis 29 Tagen schlüpfen die Jungen ungefähr in den gleichen Abständen, in denen auch die Eier gelegt wurden. Das Männchen brütet nicht, versorgt das Weibchen aber mit Nahrung und das noch ungefähr 10 Tage nach dem Schlüpfen der Jungen, solange das Weibchen auf ihnen sitzt. Je nach dem Wetter und den Jagdmöglichkeiten versorgen die Eltern ihre Jungen vier bis fünf Wochen lang in der Nisthöhle und füttern auch noch weiter, solange die Familie zusammenbleibt.

Ziegenmelker
Caprimulgus europaeus

Maße:
Durchschnitt 31,9 × 22,5
Maxima 36,5 × 21,0 und 31,6 × 24,5
Minima 28,5 × 21,6 und 28,6 × 20,0
unter Naturschutz

Wir können jagende Ziegenmelker besonders in den Nadelwäldern der Niederungen und der mittleren Lagen in der Dämmerung antreffen und ihre monotonen schnurrenden Stimmen hören. Als Nistbiotop sucht der Ziegenmelker normalerweise offene Stellen, Kahlschläge, Lichtungen, Anhöhen, Heideland oder Sandböden, die wenig bewachsen sind, auf. Er kehrt Ende April aus seinen Winterquartieren in Süd- und Ostafrika zurück und brütet schon Anfang Mai.
Vom ordentlichen Nisten können wir beim Ziegenmelker nicht sprechen. Das Weibchen legt seine zwei Eier ohne irgendeine Vorbereitung auf die nackte Erde. So liegen sie auf den verschiedensten Unterlagen, auf steinigem oder sandigem Boden, auf Rindenbruchstücken, auf Nadeln oder trockenem Laub. Eine kleine Vertiefung entsteht in der Regel erst nach längerem Brüten. Das „Nest" liegt manchmal völlig frei, andernorts in der Nähe eines trockenen Astes oder im Schatten eines kleinen Baumes.
Die Eier sind milch- oder grauweiß und tragen zwei Arten von Flecken. Die feinen Unterflecken sind hellgrau und am Rande verschwommen; die Schalenoberflecken sind braungrau bis dunkelbraun. Beide Vögel brüten 18 Tage lang. Das Weibchen brütet öfter als das Männchen. Die Jungen kriechen schon zwei bis vier Tage nach dem Schlüpfen aus dem Nest und verstecken sich in der Umgebung. Sie entwickeln sich wahrscheinlich deshalb ziemlich langsam, weil die Ziegenmelker nur in der Dämmerung jagen. Die Jungen können zwar schon nach 17 bis 18 Tagen fliegen, leben aber erst nach 31 bis 34 Tagen selbständig. Vor dieser Zeit werden sie von den Alten versorgt und direkt in den Schnabel gefüttert.

Mauersegler
Apus apus

Maße:
Durchschnitt 24,9 × 16,0
Maxima 28,0 × 17,6
Minima 22,0 × 16,2 und 22,5 × 14,3

Der Mauersegler verbringt den größten Teil seines Lebens in der Luft und setzt sich nie freiwillig auf die Erde. Ursprünglich bewohnte er Felsen und Höhlungen in Bäumen. Jetzt lebt und nistet er in kleinen Kolonien auf hohen Gebäuden, wie Kirch-, Schloß- und Glockentürmen, aber auch in Wohnhäusern. In höhergelegenen Gegenden nistet er nicht nur in natürlichen Baumhöhlen, sondern auch in Nistkästen.
Ende April, Anfang Mai bezieht der Mauersegler nach Rückkehr aus Südafrika seine Nistplätze. Er sucht seine Nester mehrere Jahre lang wieder auf. Ist seine Nisthöhle schon von einem anderen Vogel besetzt, so wirft er dessen Nest und gegebenenfalls die Brut einfach hinaus. Er nistet nur einmal jährlich von Mitte Mai bis Mitte Juni. Sein Nest ist ein flaches Häufchen aus Halmen, Haaren, Wolle, Federn und trockenen Blättern. Diese Materialien fliegen im Wind, und der Mauersegler kann sie auch im Fluge fangen. Das feine Material in der Nestmulde verfestigt er durch Speichel, der an der Luft erstarrt. Der Durchmesser des Nestes beträgt 8—15 cm, seine Höhe 1—2 cm. Die Mulde ist flach. Der Bau eines solchen Nestes dauert 10 bis 12 Tage, und es wurde bisher noch nicht geklärt, ob sich beide Vögel daran beteiligen. Da der Mauersegler das gleiche Nest immer wieder benutzt, wird es auch immer größer.
Das Gelege enthält zwei, manchmal auch drei Eier, die beide Eltern 18 bis 23 Tage bebrüten. Die Eier sind länglich-eiförmig, weiß und glanzlos. Beide Eltern füttern die Jungen mit besonderen Futterklumpen, die sie aus Speichel und Kleinstinsekten formen. Die Jungen bleiben durchschnittlich 42 Tage im Nest und kehren, sobald sie es verlassen haben, nicht mehr zurück.

Eisvogel
Alcedo atthis

Maße:
Durchschnitt   *22,6 × 18,8*
Maxima   *22,5 × 19,4 und 22,8 × 20,0*
Minima   *21,1 × 18,6 und 23,0 × 16,7*
unter Naturschutz

Der Eisvogel ernährt sich hauptsächlich von Fischen, lebt deshalb am Wasser und entfernt sich nur selten davon. Er hält sich vor allem an reinen, fließenden Gewässern auf. Wir können ihn aber auch an Seen und Teichen finden, hier jedoch immer in der Nähe der Mündungen ihrer Zuflüsse. Er nistet auf sandigen und lehmigen Steilufern, in die er seine Nisthöhlen gräbt. Der Eisvogel meidet Wasserläufe, deren Ufer weder mit Bäumen noch mit Sträuchern bewachsen sind. In den Bergen finden wir den Eisvogel verhältnismäßig hoch, bis zu 2000 m hinauf.

Der Bau der Höhle, die waagerecht liegt oder nur wenig nach oben gerichtet ist, dauert je nach der Härte des Bodens einige Tage oder auch Wochen. Beide Vögel graben das Loch mit dem Schnabel und scharren die Erde mit ihren kurzen Beinen hinaus. Die Röhre kann 20—100 cm lang sein. Das Flugloch hat einen Durchmesser von 4—6 cm. Am Ende des Ganges liegt die Nisthöhle. Sie ist 12—23 cm lang, 11—20 cm breit und 9—14 cm hoch. Von Anfang April an legt hier das Weibchen des Eisvogels seine fünf bis sieben Eier.

Die Eisvögel nisten gewöhnlich zweimal, manchmal aber auch dreimal jährlich. Die rundlichen, reinweißen Eier liegen auf der nackten Erde oder auf Futterresten (zum Beispiel Fischgräten), die von der vorangegangenen Nistperiode liegengeblieben sind. Die gleiche Höhle wird nämlich mehrere Male benutzt. Beide Altvögel brüten 18 bis 21 Tage und füttern dann die Jungen mit Fischen. Aus der unterschiedlichen Größe der Jungen ist zu schließen, daß die Alten sofort nach Ablage des ersten Eies zu brüten beginnen. Nach 23 bis 27 Tagen fliegen die Jungen aus der Höhle aus. Das Weibchen kann inzwischen in der Nachbarhöhle schon auf der neuen Brut sitzen.

Grünspecht
Picus viridis

Maße:
Durchschnitt 30,9 × 22,9
Maxima 35,3 × 23,3 und 31,4 × 25,3
Minima 27,0 × 20,0
unter Naturschutz

Der Grünspecht ist einer der bekanntesten Spechte. Als typischer Baumvogel kommt er überall dort vor, wo es genügend Bäume, vor allem alte, verwachsene Stämme gibt. Den Grünspecht sieht man am ehesten in offener Landschaft, wo Haine mit Feldern und Wiesen abwechseln. Er bewohnt oft alte Parks, Gärten und Alleen, bevorzugt Laubgehölze vor Nadelwäldern und hält sich am liebsten in mittleren Lagen auf, auch wenn er in den Bergen vereinzelt bis zu 1500 m Höhe vorkommt.

Der Grünspecht nistet in Baumhöhlen. Er kann sie zwar selber zimmern, verwendet aber lieber alte fertige Höhlen anderer Spechtarten. Soweit das Paar selbst die Höhle zimmert, dauert der Bau ungefähr 28 Tage. Das Männchen beginnt damit normalerweise noch vor der Paarung allein. Das Weibchen beteiligt sich dann später am Bau. Paarung und Nestbau werden von lauten, für die Spechte typischen Rufen begleitet. Das Flugloch der Höhle kann 1,5—10 m über dem Boden liegen. Im April und Mai legt das Weibchen fünf bis sieben Eier. Die Eier glänzen und sind wie bei den anderen Spechtarten weiß.

Gebrütet wird 14 bis 19 Tage; dabei lösen sich die Alten wie auch später beim Füttern der Jungen ab. Diese verlassen das Nest nach 15 bis 18 Tagen und werden danach noch drei Wochen lang gefüttert. Solange die Jungen im Nest sitzen, stoßen sie ununterbrochen besondere Lockrufe aus, die uns den Standort des Nestes leicht verraten.

Buntspecht
Dendrocopus major

Maße:
Durchschnitt 25,3 × 19,0
Maxima 29,0 × 19,6 und 27,0 × 21,9
Minima 18,7 × 15,1
unter Naturschutz

Der Buntspecht ist zweifellos die häufigste Spechtart. Er wohnt in Wäldern aller Art, von den Niederungen bis zur Baumgrenze in den Bergen. Er bevorzugt Mischwälder und nistet außerdem manchmal in ausgedehnten Parks und alten Gärten. Sein Brutrevier umfaßt 40 bis 60 ha. Außerhalb der Nistzeit ist der Buntspecht ein großer Einzelgänger und schließt sich nur im Winter den Meisenscharen an. Er bleibt seinem Nistplatz mehrere Jahre treu.

In den Bäumen seines Revieres baut er zahlreiche Höhlen, die er entweder zum Nisten oder zum Schlafen verwendet. Den größten Teil dieser Höhlen baut er jedoch nicht fertig. Manchmal benutzt der Buntspecht zum Nisten auch die verlassenen Höhlen anderer Spechtvögel, gegebenenfalls auch Nistkästen. Das Zimmern der Bruthöhle dauert in etwa drei Wochen. Das Flugloch mißt ungefähr 5—5,5 cm im Durchmesser, die Höhle ist 20—30 cm tief und ungefähr 15 cm breit. Ihre Innenwände sind sehr glatt. Die Höhle kann je nach den Gegebenheiten 4—10 m über dem Boden liegen; man hat auch schon Bruthöhlen gefunden, die nur einen Meter über der Erde lagen.

Der Buntspecht nistet nur einmal jährlich im April und Mai. Seine vier bis sieben weißen, glänzenden Eier liegen ohne jede Unterlage nur auf Holzspänen und Splittern auf dem Grund der Höhle. Die Eltern lösen sich 12 bis 13 Tage lang beim Brüten ab und sitzen dann noch weitere 12 Tage auf den Jungen. Die Jungen melden sich unaufhörlich mit begierigen Rufen. Im Alter von 20 bis 24 Tagen verlassen sie das Nest und werden noch 8 bis 14 Tage von den Alten gefüttert. Nachts kehren sie in die Höhle zurück.

Feldlerche
Alauda arvensis

Maße:
Durchschnitt   *23,7 × 17,0*
Maxima   *26,6 × 17,3 und 25,6 × 18,5*
Minima   *21,1 × 16,7 und 25,1 × 15,3*

Meist werden wir die Feldlerche in niedrigem Getreide, in Klee- und Luzernefeldern, aber auch auf Weiden und Wiesen im trockenen und feuchten Gelände finden. Weit weniger nistet sie auf Bergweiden und Almen über der Baumgrenze. Im Himalaja bewohnt sie Hochebenen bis zu 4400 m Höhe. Auf ausgedehnten Kahlschlägen kommt sie selten vor.
Das Nest der Feldlerche liegt immer auf der Erde in einer verhältnismäßig tiefen Mulde zwischen Erd- und Rasenschollen und in alten Trittspuren des Weideviehs. Es ist auch nicht ganz ausgeschlossen, daß sich die Lerche eine flache Nistgrube selber ausscharrt. Kurz nach der Ankunft aus dem Winterquartier wählt das Männchen ein Brutrevier. Das Weibchen baut das Nest allein, während das Männchen mit seinem Gesang das Revier kennzeichnet. Das Nest besteht aus trockenen Halmen, Wurzeln und Blättern verschiedener Pflanzen. Sein Boden ist ungefähr 2 cm dick, und die Wände schwächen sich zu den Rändern hin allmählich ab. Die Nestmulde hat einen Durchmesser von 8 bis 9 cm und ist 5 cm tief.
Von Mitte April an legt das Weibchen drei bis fünf, sehr selten sechs bis sieben Eier, deren Grundfarbe Cremeweiß bis Grauweiß ist. Die Fleckung ist sehr variabel. Die Flecken sind dunkelgrau bis braun und so dicht gestreut, daß sie die Grundfarbe oft überdecken. Am stumpfen Pol bilden die Flecken gewöhnlich einen dichteren Kranz. Es gibt auch Gelege, deren Eier hellbraun, grau-rötlich oder weiß sind. Im Juni brütet die Lerche zum zweiten Male. Die Jungen schlüpfen nach 11 bis 14 Tagen aus und werden von beiden Eltern gefüttert. Sie sitzen in der Regel so im Nest, daß sie die Köpfe alle nach einer Seite wenden. Im Alter von neun Tagen verlassen die Jungvögel das Nest, sind jedoch erst nach drei Wochen völlig selbständig und können fliegen.

Rauchschwalbe
Hirundo rustica

Maße:
Durchschnitt 19,3 × 13,6
Maxima 23,0 × 15,0 und 18,0 × 15,1
Minima 15,5 × 12,0
unter Naturschutz

Die Rauchschwalbe ist unter den Vögeln eigentlich der einzige regelmäßige Bewohner menschlicher Behausungen. Wir können einzelne Nester und kleine Kolonien in Dörfern und an Einzelhöfen finden. Große Städte meidet sie. Ihr napfförmiges, oben offenes Nest, das die Gestalt einer Viertelkugel hat, liegt gewöhnlich auf irgendeiner Unterlage, auf Lampenschirmen, Brettern, Balken oder den Rohren der Wasser- und Stromleitung; sie baut es in Gängen, Treppenhäusern, Vorsälen und mit Vorliebe in Ställen. Nur selten nistet die Rauchschwalbe an den Außenseiten der Gebäude.
Der Nestbau beginnt in der zweiten Aprilhälfte. Beide Partner bauen das Nest aus kleinen Mengen feuchten Lehms, Tons oder tonigen Sandes, dem sie kurze Halme und Haare beimischen. Die Festigkeit des Nestes erhöhen sie durch Zugabe von Speichel, der an der Luft erstarrt. Das Nest hat einen Durchmesser von 8 bis 14 cm und eine Höhe von 8 cm. Die Mulde mißt 7—10 cm im Durchmesser und ist mit Federn, Haaren und kleinen Halmen ausgelegt. Die Nestwände sind 1—2 cm dick. Die Rauchschwalbe baut an ihrem Nest durchschnittlich 8 Tage.
Ende April, gewöhnlich aber erst im Mai, ist die erste Brut da. Die Nistzeit zieht sich bis in den Juli hin, das heißt, die Rauchschwalben nisten zwei- und sogar dreimal jährlich. Gewöhnlich legen sie vier bis sechs Eier, deren weißer Grund mit violettgrauen Schalenunterflecken und braunroten und grauen Schalenoberflecken bedeckt ist. Das Weibchen brütet 16 Tage. Die Jungen werden von beiden Eltern 20 bis 24 Tage gefüttert. Der Kot der Jungen ist nicht so fest, daß ihn die Eltern wegtragen könnten, und häuft sich daher allmählich auf dem Nestrande an. Auch nachdem die Jungen das Nest verlassen haben, füttern die Eltern sie noch sowohl im Sitzen als auch im Fluge weiter. Am Anfang kehren die Jungen zum Schlafen ins Nest zurück.

Mehlschwalbe
Delichon urbica

Maße:
Durchschnitt *18,8 × 13,2*
Maxima *23,6 × 13,0 und 21,5 × 14,7*
Minima *16,7 × 13,1 und 19,7 × 12,0*
unter Naturschutz

Ähnlich wie die Rauchschwalbe ist auch die Mehlschwalbe hauptsächlich in menschlichen Siedlungen zu finden. Sie nistete aber ursprünglich an Felswänden, wo wir sie noch manchmal sehen können. Sie sucht Weiler und Dörfer, und, im Unterschied zur Rauchschwalbe, auch die Zentren der Großstädte auf. Ein weiterer Unterschied zur Rauchschwalbe ist der, daß die Mehlschwalbe ihr Nest außen an die Gebäude und nur in Ausnahmefällen in Innenräumen baut. Stellenweise kann man die Nester unter Brücken oder an Tunnelrändern finden. Die Mehlschwalbe ist ein typischer Koloniebrüter. Ihre Nester werden immer von einem Vorsprung, vom Dach eines Hauses oder von dessen Fassade überdeckt.
Beide Partner beginnen gewöhnlich Anfang Mai ein neues Nest zu bauen oder ein altes wiederherzurichten. Für einen Neubau benötigen sie 8 bis 18 Tage. Die Dauer des Nestbaues hängt vom Wetter ab, da die Mehlschwalben feuchten Schlamm zum Bau benötigen. Sie mischen im Gegensatz zu den Rauchschwalben ihrem Bau nicht so viele Halme bei. Ihr Nest, das im wahrsten Sinne des Wortes an die Wand geklebt ist, hält einige Jahre. Sein äußerer Durchmesser beträgt 11—15 cm, die Höhe 7—12 cm. Die Nestmulde ist mit Halmen und Federn ausgelegt. Die Flugöffnung ist ungefähr 4 cm breit. Die erste Brut können wir im Mai finden, die letzte im August. Üblicherweise nisten die Mehlschwalben zweimal jährlich. Ihr Gelege umfaßt vier bis fünf reinweiße, glänzende Eier. Beide Partner wechseln sich beim Brüten ab. Die Brutdauer beträgt nach neusten Angaben 17 bis 20 Tage. Mit der Ablage des zweiten oder dritten Eis setzen sich die Alten auf das Nest. Die Jungvögel werden von beiden Eltern gefüttert und bleiben 20 bis 23 Tage im Nest. Nur ein kleiner Teil der Jungen einer Kolonie kehrt zum Übernachten in die Nester zurück. Die Alten bleiben ihren Nestern treu und kehren das nächste Jahr zurück, während die Jungen sich in der Umgebung zerstreuen.

Uferschwalbe
Riparia riparia

Maße:
Durchschnitt 17,3 × 12,5
Maxima 19,9 × 12,7 und 17,7 × 13,9
Minima 15,2 × 11,7 und 17,8 × 10,2
unter Naturschutz

Unter den Singvögeln gibt es nicht viele Arten, die wie die Uferschwalbe in Höhlen nisten. Die Uferschwalbe hat es schwer, Nistgelegenheiten zu finden, denn sie benötigt zur Anlage ihrer Höhle steile Wände aus nachgiebigem Material, in das sie ihre Löcher graben kann. Vielleicht nisten die Uferschwalben deshalb an solchen Stellen in Kolonien, die einige hundert Paare umfassen können. Günstige Standorte für solche Kolonien sind Sandgruben, Tongruben von Ziegeleien und die natürlichen Wände von Schluchten. Oft siedeln sich die Uferschwalben auch an den Steilufern von Flüssen, Seen und Teichen an.

Der Gang zur Bruthöhle ist durchschnittlich 60 cm lang (der Rekord liegt bei 195 cm), ungefähr 4—6 cm breit und hat einen elliptischen Querschnitt. Er verläuft anfangs waagerecht und dann allmählich nach oben und endet in der Nisthöhle, die 8 bis 12 cm hoch und 10—14 cm breit ist. In ihr liegt das eigentliche Nest, ein flaches Häufchen aus Halmen, Blättern, Haaren und Wurzeln. Die Mulde ist mit Federn und Haaren weich ausgepolstert. Beide Partner bauen Höhle und Nest, wobei sich auch fremde Vögel an der Herstellung der Röhre beteiligen können.

Das Weibchen beginnt Mitte Mai mit dem Eierlegen. Die Uferschwalben nisten zweimal jährlich, und ihr vollständiges Gelege umfaßt fünf bis sechs Eier, die, wie bei den meisten Höhlenbrütern, weiß sind. Beide Eltern brüten 12 bis 16 Tage lang. In den ersten Lebenstagen der Jungen kümmert sich nur ein Elternteil um sie. Am vierten Tag füttern aber gewöhnlich schon beide. Interessant ist, daß die Alten nicht zusammen mit den Jungvögeln in der Höhle übernachten und die Jungvögel allein, nur mit Federn aus dem Nestmaterial bedeckt, schlafen. Die Jungen der Uferschwalben verlassen das Nest bald, bleiben aber im Bau und erwarten am Eingang die Eltern, die Nahrung heranbringen. Nach 16 bis 22 Tagen verlassen sie die Brutröhre und kehren nicht mehr zurück.

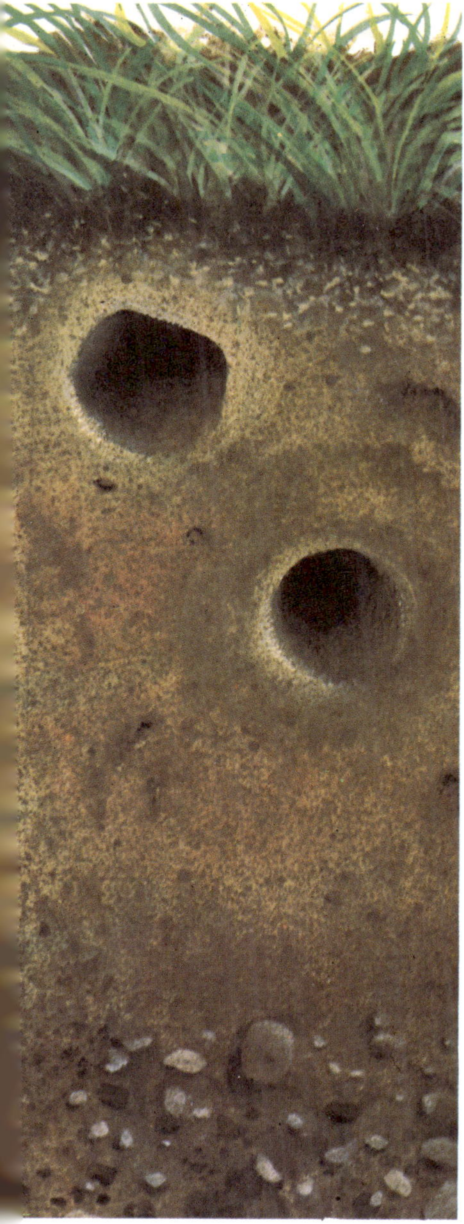

Rabenkrähe
Corvus corone corone

Maße:
Durchschnitt *41,7 × 29,5*
Maxima *49,7 × 32,3 und 41,1 × 34,0*
Minima *36,4 × 28,3 und 42,7 × 26,5*

Krähen bevorzugen Gebiete, in denen in offener Landschaft kleinere Wälder, Haine und Baumgruppen abwechseln. In einigen Teilen Europas nisten die Krähen auch in der Nähe menschlicher Siedlungen, in Parks, auf Friedhöfen und in Alleen. In Wäldern besiedeln sie nur die Ränder. Es sind einzelne Fälle bekannt, wo Krähen auf dem Boden, auf hohen Gebäuden oder Leitungsmasten nisteten.

Ihr Nest bauen sie im zeitigen Frühjahr, noch bevor die Blätter ausschlagen, hoch in den Baumkronen in einer starken Astgabel oder direkt am Stamm. Es ist ein kompakter, mächtiger Bau mit einem Durchmesser von ungefähr 60 cm, dessen Unterbau stärkere trockene Äste bilden, die mit Rasen, Halmen und anderen Pflanzenteilen durchsetzt sind. In der nur 10 cm tiefen Nestmulde liegt immer feineres Material wie Haare, Moos und trockenes Gras. Das Nest wird von beiden Partnern gebaut, wobei sie sich die Arbeit teilen. Das Weibchen verbaut das Material, das das Männchen heranträgt. Das Männchen sammelt dabei die trockenen Äste nicht auf dem Boden, sondern bricht sie ab.

Ende März, Anfang April sind die ersten Bruten vorhanden. Mit Ausnahme von Ersatzgelegen brüten die Krähen nur einmal im Jahr. Das Weibchen brütet von der Ablage des ersten Eies an allein, das Männchen füttert sie während dieser Zeit.

Zum Gelege gehören vier bis fünf blaugrüne Eier, die grüngraue, olivgrüne und schwarzbraune Punkte und Flecken tragen. Gebrütet wird 17 bis 18 Tage, wobei das Weibchen in der ersten Woche den ganzen Tag, später nur noch nachts auf den Eiern sitzt. Die Jungen bleiben 31 bis 32 Tage im Nest und verhalten sich sehr still. Da die Alten ebenfalls sehr vorsichtig sind, ist es sehr schwer, ein Krähennest zu entdecken.

Saatkrähe
Corvus frugilegus

Maße:
Durchschnitt 40,0 × 28,0
Maxima 47,4 × 30,0 und 42,0 × 32,0
Minima 32,4 × 26,3 und 33,4 × 25,5

Den Saatkrähen sagt am besten eine Kulturlandschaft mit ausgedehnten Feld- und Wiesenflächen zu, in deren Nähe wenigstens ein paar Gruppen hoher Bäume stehen, auf denen sie ihre Brutkolonien gründen, die manchmal einige hundert Nester umfassen können. Die Saatkrähen schließen sich auch immer mehr den menschlichen Siedlungen an, so daß kleinere Kolonien inmitten der Großstädte in Parks, auf Friedhöfen, auf großen, einzeln stehenden Bäumen oder auch auf hohen Gebäuden keine Seltenheit sind. In der Krone eines alten, ausgewachsenen Baumes findet eine Kolonie in der Größe von 10 bis 15 Nestern Platz. Einzeln nistende Paare sind bei den Saatkrähen selten.

Das Nest der Saatkrähe ist im Unterschied zu dem der Rabenkrähe nicht so fest; es ist jedoch größer, denn die Saatkrähen benutzen gerne alte Nester, die sie nur anbauen. Hier beteiligen sich beide Partner, wobei das Männchen vor allem Material heranträgt. Der Unterbau besteht aus gröberen Ästen, der obere Teil wird aus Moos, Rasen und Erde hergestellt und die ziemlich kleine Mulde mit Gras, Blättern und Haaren ausgepolstert.

Das Weibchen legt ab der zweiten Märzhälfte drei bis fünf Eier. Sie sind ähnlich gefärbt wie die der Rabenkrähe, nur ist die Grundfarbe heller und die Flecken sind matter. Das Weibchen brütet allein 16 bis 18 Tage und wird während dieser Zeit vom Männchen gefüttert. Auf den geschlüpften Jungen sitzt die Alte noch weitere 10 Tage, und dem Männchen bleibt solange die Nahrungssuche überlassen. Die ständig schreienden Jungen bleiben vier bis fünf Wochen im Nest. In der letzten Woche sitzen sie dann in der Umgebung des Nestes. Die Saatkrähen nisten nur einmal jährlich.

Dohle
Corvus monedula

Maße:
Durchschnitt 35,7 × 25,4
Maxima 39,8 × 25,9 und 32,5 × 27,5
Minima 29,3 × 21,0

Es ist nicht einfach, die ökologischen Ansprüche dieses munteren, geselligen Vogels zu schildern, denn er tritt überall dort auf, wo er in Höhlen oder Halbhöhlen nisten kann. Da er seine Nahrung im offenen Gelände sammelt, meidet er zusammenhängende, ausgedehnte Wälder. An geeigneten Plätzen bilden die Dohlen Kolonien. Ursprünglich bewohnten sie Felsen und alte hohle Bäume. Jetzt besiedeln sie oft auch hohe Gebäude, Ruinen und Höhlen in Sand- und Lehmwänden, die natürlich sind oder von ihnen selbst ausgegraben werden. Dort, wo sie keine Höhlen finden, benutzen sie Nester anderer Vögel und bauen sich gegebenenfalls auf den Bäumen eigene Nester. Den Gegebenheiten entsprechend sind das verschieden große Haufen aus trockenen Ästen, Gräsern und Lehm, die mit feinerem Material durchflochten sind. Die Nestmulde ist mit Federn, Haaren und feinem Pflanzenmaterial ausgelegt.
Im April oder Mai können wir das Gelege finden. Es enthält fünf bis sechs Eier, die auf hellem, grünblauem oder grüngrauem Grund verhältnismäßig locker grau bis graubraun gefleckt sind. Am stumpfen Pol sind die Flecken oft dichter. Die Dohle nistet nur einmal jährlich, ersetzt das Gelege aber bei Verlust durch ein neues. Das Weibchen setzt sich offensichtlich erst vor der Ablage des letzten Eies auf das Nest. Es ist bisher noch nicht eindeutig geklärt ob sich die Partner beim Brüten ablösen oder nicht. Das Weibchen brütet auf jeden Fall am meisten. Nach 16 bis 19 Tagen sind die Eier ausgebrütet. Die Jungen werden ungefähr einen Monat im Nest gefüttert und können schon in der fünften Woche fliegen. Die Altvögel tragen ihnen die Nahrung im Kropf heran und füttern sie noch kurze Zeit nach dem Ausfliegen.

Elster
Pica pica

Maße:
Durchschnitt   *34,8 × 24,7*
Maxima   *40,2 × 26,2 und 37,5 × 28,0*
Minima   *27,7 × 24,0 und 33,7 × 21,2*

Die Elster gehört zu den typischen Bewohnern der Kulturlandschaft niederer und mittlerer Lagen, wo Wald und Feld, Baumgruppen und Strauchwerk abwechseln. Sie nistet auf Bäumen und Sträuchern, manchmal in Augenhöhe, öfter aber so, daß sie einen guten Überblick über die Umgebung hat. Sie sucht sich deshalb mit Vorliebe die höchsten Bäume und Sträucher als Standort aus. Innerhalb zusammenhängender Wälder nistet die Elster selten.

Ihr Nest ist von oben durch ein charakteristisches Laubdach gedeckt und hat eine seitlich liegende Einflugöffnung. Der Unterteil des Nestes ist hauptsächlich aus Ästen gebaut, auf denen eine Schicht Erde und Rasen liegen. Die Nestmulde ist mit Wurzeln, Blättern, Halmen und Haaren ausgelegt. Die Elstern bauen meistens jedes Jahr ein neues Nest. Es kommt auch vor, daß sie ein altes herrichten und beziehen.

Fünf bis sieben, ausnahmsweise bis zu zehn Eier liegen im April oder Mai, selten schon Anfang März im Nest. Die Eier tragen auf grünlichem, bräunlichem und manchmal auch hellblauem Grund braune Flecken und Punkte. Diese verdichten sich am stumpfen Pol.

Die Elster nistet einmal jährlich. Bei Brutverlust sind Ersatzgelege möglich. Das Weibchen brütet allein 17 bis 18 Tage. Es sind aber auch Fälle bekannt, in denen sich das Männchen am Brutgeschäft beteiligte. Da sich das Weibchen mit Ablage des ersten Eis auf das Nest setzt, sind die Jungen nach dem Schlüpfen unterschiedlich groß. Sie verbleiben 22 bis 24 Tage im Nest. Nachdem sie es verlassen haben, verraten sie sich oft durch ihr Geschrei beim Füttern. Die Familie bleibt noch längere Zeit nach dem Flüggewerden der Jungen zusammen.

Eichelhäher
Garrulus glandarius

Maße:
Durchschnitt 30,6 × 22,6
Maxima 34,5 × 26,2 und 34,0 × 24,6
Minima 27,8 × 22,7 und 32,1 × 21,1

Einen Spaziergang durch den Wald kann man sich ohne den Ruf des Eichelhähers kaum vorstellen. Zur Nistzeit trifft man ihn in jedem Wald an, in den Laubwäldern der Niederungen wie in Mischwäldern und in den Nadelgehölzen der mittleren und hohen Lagen bis zur Baumgrenze. Der Eichelhäher legt sein Nest 2 bis 6 Meter hoch auf Bäumen und höheren Sträuchern an. Beide Partner bauen es ungefähr drei Wochen vor dem Ablegen der Eier. Im Vergleich mit den Nestern anderer Rabenvögel ist das Eichelhähernest nicht sehr groß. Sein äußerer Durchmesser beträgt ungefähr 30 cm; es ist flach und hat eine verhältnismäßig tiefe Mulde. Der Eichelhäher verwendet zum Bau überwiegend dünne Ästchen. Das Wandinnere besteht aus Halmen und die Mulde aus Wurzeln und Haaren. Es scheint, daß der Beginn des Eierlegens von der Belaubung der Bäume abhängt, und somit im April/Mai liegt. Die Brut enthält fünf bis sieben, ausnahmsweise bis zu zehn Eiern.

Die Eier sind oval, glänzend und auf graugrünem oder olivgrünem Grund fein braunrot oder braun gefleckt. Am stumpfen Pol treten manchmal haarfeine, schwarze Striche auf. Beide Partner lösen sich 16 bis 17 Tage lang beim Brüten ab. Das Weibchen soll sich schon bei der Ablage des ersten oder zweiten Eis auf das Nest setzen. Trotzdem sind die Jungen gleich groß. Sie verhalten sich im Neste ziemlich still und verlassen es im Alter von ungefähr drei Wochen. Die Alten füttern jedoch weiter, und die Familie bleibt bis zum Herbst zusammen.

Kohlmeise
Parus major

Maße:
Durchschnitt *17,2 × 13,4*
Maxima *20,5 × 13,4 und 17,8 × 14,7*
Minima *15,1 × 13,2 und 15,8 × 12,1*
unter Naturschutz

Die Kohlmeise ist ein anspruchsloser Vogel, der überall dort vorkommt, wo ausreichend Gehölze wachsen. Sie nistet in Laub-, Misch- und Nadelwäldern und meidet auch die Nähe des Menschen nicht. Als Nistplatz wählt sie am liebsten Höhlen in Bäumen, nimmt aber in der Not auch mit Mauerlöchern, Felsspalten oder den verlassenen Nestern großer Vögel vorlieb, die als Grundlage für ihr eigenes Nest dienen. Gern bezieht sie aufgehängte Nistkästen.

Das Nest wird vom Weibchen allein aus Moos, Wurzeln, Haaren und Flechten gebaut. Die Mulde ist mit Haaren, Frucht- und Tierwolle und Federn weich ausgelegt. Das Weibchen wählt auch den Standort des Nestes. Es wird dabei vom Männchen nur begleitet. Das Nest ist manchmal ein wirklich mächtiger Bau, der die ganze Höhlung ausfüllt. Die Mulde hat einen Durchmesser von 7—8 cm und ist 3—4 cm tief.

Die Kohlmeisen nisten zweimal jährlich, und zwar im April oder Mai und im Juni oder Juli. Die Gelege sind sehr umfangreich und enthalten gewöhnlich 8 bis 12 Eier. Es sind auch schon Gelege mit 18 Eiern bekanntgeworden. Die Eier sind auf weißem Grunde mehr oder weniger ziegelrot gefleckt und haben manchmal violette Schalenunterflecken. Das Weibchen brütet allein und setzt sich in der Regel erst vor Ablage des letzten Eies auf das Nest. Wenn es das Nest verläßt, überdeckt es die Brut nach Art der übrigen Meisen mit Nestmaterial. Gebrütet wird 13 bis 14 Tage. Die Alten füttern beide sehr fleißig — am letzten Tage vor dem Ausfliegen bis zu 800 mal. Die Jungen bleiben 15 bis 21 Tage im Nest.

Tannenmeise
Parus ater

Maße:
Durchschnitt 14,8 × 11,6
Maxima 16,5 × 12,3 und 14,2 × 12,6
Minima 13,1 × 10,9 und 13,4 × 10,5
unter Naturschutz

Die Tannenmeise wohnt am liebsten im Nadelwald, gibt sich aber auch mit Mischwald zufrieden, in dem einige Gruppen Nadelbäume wachsen. Sie unterscheidet dabei nicht zwischen Fichten-, Tannen- oder Kiefernwald, sondern meidet nur ausgesprochenen Lärchenbestand. Sie nistet von den Niederungen bis an die Baumgrenze der Berge.

Ähnlich wie die Kohlmeise baut sie ihr Nest in Höhlungen, jedoch gern nur niedrig über dem Boden. Sie zieht Baumhöhlen vor. Da diese aber in Monokulturen seltener vorkommen, baut sie ihr Nest auch zwischen Wurzeln, in Erdspalten und Löchern, zwischen Steinen, in Felsspalten und sogar in verlassenen Mäuse- oder Maulwurfslöchern. Gerne sucht sie auch in Nistkästen Zuflucht. Die Größe des Nestes paßt sie der Nisthöhle an. Beide Partner bauen und verwenden ähnliches Material wie die Kohlmeisen. Sie polstern ihr Nest ebenfalls reichlich, aber mit weniger Federn aus.

Die Tannenmeise nistet in der Regel zweimal von April bis Juni, ausnahmsweise auch dreimal im Jahr. Die Brut enthält durchschnittlich acht und höchstens zwölf Eier. Diese sind auf weißem Grund regelmäßig mit feinen rostigen Punkten und Flecken übersät, die am stumpfen Pol manchmal einen Kranz bilden. Das Weibchen setzt sich unmittelbar vor Ablage des letzten Eies auf das Nest und nach 14 bis 17 Tagen schlüpfen die Jungen aus. Sie bleiben 16 bis 23 Tage in der Nisthöhle und werden von beiden Eltern gefüttert, die sie auch noch kurze Zeit nach dem Ausfliegen versorgen.

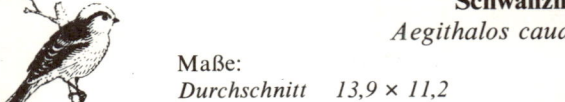

Schwanzmeise
Aegithalos caudatus

Maße:
Durchschnitt *13,9 × 11,2*
Maxima *16,4 × 11,2 und 15,0 × 12,0*
Minima *13,0 × 10,9 und 13,8 × 10,1*

Diesen zierlichen munteren Vogel finden wir zur Nistzeit in Misch- und Laubwaldbeständen, die starken Unterholzwuchs haben, und auch in alten, verwachsenen Gärten und Parks. Nur wenige unserer Vögel bauen sich ein so meisterhaftes Nest wie die Schwanzmeise. Ihr Nest ist im Verhältnis zu ihrer Körpergröße sehr groß. Es ist beutelförmig, unten breiter und nach oben hin verjüngt. Im oberen Drittel liegt die Flugöffnung mit 2—4 cm Durchmesser. Selbstverständlich beteiligen sich an einem solch komplizierten Bau beide Altvögel. Sie benötigen dazu recht lange Zeit, nämlich 9 bis 18 Tage. Die eigentliche Bauarbeit wird vom Weibchen ausgeführt, während das Männchen Material heranträgt. Die Nestwände sind stark und werden aus Moos, Bast, feiner Birkenrinde, Flechten, Haaren, Spinngeweben und Insektengespinst gebaut. Das Innere des Nestes ist mit einer großen Menge Federn, Wolle und Haaren weich ausgepolstert. Das Nest ist ca. 25 cm hoch und 10 cm breit und wiegt trocken 40 Gramm. Es ist an einem schattigen, geschützten Platz am Stamm oder in der Astgabel eines Gebüsches 1 bis 3 Meter hoch angebracht. Die erste Brut fällt in den April bis Mai und enthält zehn bis zwölf Eier. Die zweite Brut liegt im Mai oder Juni und umfaßt rund sechs bis sieben Eier. Die Eier sind glanzlos und auf gelbweißem oder graugelbem Grund rot gefleckt. Manchmal sind die Flecken so undeutlich, daß die Eier einfarbig erscheinen. Das Weibchen beginnt mit oder vor Ablage des letzten Eis zu brüten. Ob sich das Männchen am Brutgeschäft beteiligt, ist nicht genau bekannt. Nach 12 bis 13 Tagen schlüpfen die Jungen. Sie bleiben noch 14 Tage im Nest und werden außer von den eigenen Eltern auch von fremden, ungepaarten Schwanzmeisen gefüttert. Die Jungen der zweiten Brut werden manchmal von ihren Geschwistern aus der ersten Brut gefüttert.

Gartenbaumläufer
Certhia brachydactyla

Maße:
Durchschnitt   *16,1 × 12,1*
Maxima   *17,2 × 11,8 und 16,5 × 12,4*
Minima   *14,1 × 11,5 und 16,6 × 11,2*
unter *Naturschutz*

Der Gartenbaumläufer bewohnt Laubwaldbestände. Da er sich von Insekten ernährt, die er unter der Rinde fängt, sucht er alte Bäume mit grober gerissener Borke auf. Er ist ein typischer Vogel der Niederungen und mittleren Lagen. Neben Wäldern bewohnt er auch verschiedene Alleen, Baumgruppen, Parks und Friedhöfe.

Sein Nest liegt meistens unter abgeblätterter, gelöster Rinde oder in Sprüngen und Rissen der Bäume, in hölzernen Bauten hinter Brettern und Balken, in Holzstößen und ähnlichem. Das Nest ist immer dem Pflanzenbestand, in dem es gebaut ist, angepaßt. Es ist 10—16 cm hoch, kann aber auch flach sein, wenn es auf einer ebenen Unterlage ruht. Die Seiten sind gewöhnlich eingedrückt. Es ist ein ungeordneter Haufen aus trockenen Ästchen, Halmen, Bast und Insektengespinst. Die Mulde ist mit Federn weich ausgepolstert. Das Nest liegt ungefähr zwei Meter über dem Boden, in manchen Fällen auch höher.

Der Gartenbaumläufer nistet wahrscheinlich nur einmal jährlich von Mai bis Juni. Das Weibchen legt sechs bis sieben, ausnahmsweise bis zu zwölf Eier, die milchweiß gefärbt sind und klare, rote Schalenober- und violettgraue Schalenunterflecken tragen. Das Weibchen brütet allein, während es vom Männchen gefüttert wird. Gebrütet wird 15 Tage. Die Aufzucht der Jungen dauert ungefähr 16 Tage und bleibt wiederum hauptsächlich dem Weibchen überlassen. In der Nistbiologie dieses Vogels ist noch einiges unklar. Manchmal kann man im Juli noch Junge im Nest finden, die gefüttert werden. Das zeigt eigentlich, daß der Gartenbaumläufer zweimal in einem Jahr nisten könnte.

Kleiber, Spechtmeise
Sitta europaea

Maße:
Durchschnitt 19,4 × 14,8
Maxima 21,4 × 14,0 und 20,0 × 16,0
Minima 16,5 × 13,5 und 19,1 × 13,2
unter Naturschutz

Die Heimat des Kleibers sind immer Wälder mit hohen Bäumen. Er nistet in Laub- und Mischwäldern und gibt sich nur notfalls mit lichten Nadelwäldern zufrieden. Häufig findet man ihn auch in Parks und verwachsenen Gärten, auf Friedhöfen und in Alleen. Im zeitigen Frühjahr beginnt das Männchen mit lauten Rufen sein Revier zu kennzeichnen, in dem es das ganze Jahr über bleibt und aus dem es erbittert jeden Eindringling vertreibt.

Der Kleiber verwendet zum Nisten meist alte Spechthöhlen. Deren Flugöffnungen sind jedoch ziemlich breit, und das Kleiberweibchen verengt, das heißt vermauert sie deshalb geschickt mit feuchtem Lehm. Diese Maurerarbeit dauert bis zu 14 Tagen und vieles davon ist zwecklos. Das Weibchen mauert zum Beispiel auch den Raum über der Flugöffnung aus oder verlängert den Eingang seiner Röhre. Diese Anbauten können 3/4 Kilogramm wiegen. Normalerweise baut das Weibchen während des Mauerns auch schon das Nest. Eigentlich ist es gar kein Nest, sondern ein Haufen aus lose zusammengetragenen Rindenstückchen, Blättern und Bast. Mit Vorliebe verwendet der Kleiber dazu die Schuppen der Kiefernrinde.

Von Mai bis Juni legt das Weibchen sechs bis acht Eier. Auf milchweißem Grund tragen sie graue und grauviolette ausdruckslose Schalenunter- und rostrote Schalenoberflecken, die sich am stumpfen Pol manchmal verdichten. Das Weibchen beginnt nach Ablage des letzten oder vorletzten Eies zu brüten und bleibt mit kleinen Unterbrechungen bis zum Schlüpfen der Jungen, das heißt 15 bis 18 Tage, auf dem Nest sitzen. Die Jungen werden im Nest von beiden Eltern 23 bis 24 Tage gefüttert. Wenn sie die Höhlung verlassen, können sie fliegen. Die Eltern versorgen und füttern sie noch acht bis zehn Tage, bis sie völlig selbständig sind.

Zaunkönig
Troglodytes troglodytes

Maße:
Durchschnitt *16,5 × 12,5*
Maxima *18,9 × 13,2 und 18,3 × 14,0*
Minima *15,1 × 12,6 und 16,1 × 12,0*
unter Naturschutz

Der Zaunkönig lebt immer an schattigen und dicht verwachsenen Stellen von Misch-, Laub- und manchmal auch Nadelwäldern, sowohl in den Niederungen als auch hoch im Gebirge. Das Männchen wählt das Brutrevier und beginnt gleich mehrere Nester auf einmal zu bauen. Es kann bis zu acht Nester errichten. Sie liegen unter Bruchholz oder Baumwurzeln, unter ausgespülten Bachufern, unter Stegen, in den Hohlräumen alter Mauern, in den Futtertrögen des Viehs, im astdichten Buschwerk oder in Hecken. Oft nimmt der Zaunkönig ein schon fertig gebautes Nest auseinander und stellt aus dem Material ein neues her. All diesen Nestern fehlt aber die innere Polsterung. Das vom Männchen hergelockte Weibchen schaut sich alle Nester an und legt dann eines davon mit Wolle, Haaren und Federn als Brutnest aus. Die übrigen Nester sind sogenannte Spielnester, in denen das Männchen, und nach dem Ausfliegen der Jungen die ganze Familie übernachtet.

Das Nest des Zaunkönigs ist ein mächtiger, kugelförmiger Bau aus Moos und Flechten, selten aus Halmen und Blättern. Die seitliche Öffnung liegt in der oberen Hälfte des Nestes. Das Nest ist 9—12 cm breit und bis zu 16 cm hoch. Seine Form ist gewöhnlich dem Hohlraum, in dem es liegt, angeglichen. Es ist immer gut versteckt und liegt niedrig über dem Boden.

Der Zaunkönig nistet jährlich zweimal von April bis Juni, und das Gelege zählt durchschnittlich sechs (fünf bis zehn) Eier, die auf weißem Grund fein rostig gefleckt oder auch ohne Zeichnung sind. Das Weibchen brütet allein 16 bis 18 Tage. Es beginnt vor Ablage des dritten bis letzten Eies zu brüten. Die Jungen fliegen nach 14 bis 20 Tagen aus. Die Familie bleibt noch kurze Zeit zusammen und übernachtet in den Spielnestern.

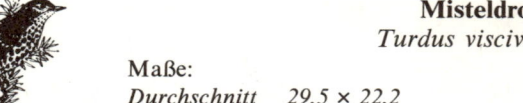

Misteldrossel
Turdus viscivorus

Maße:
Durchschnitt 29,5 × 22,2
Maxima 35,8 × 22,7 und 30,6 × 24,4
Minima 26,9 × 22,0 und 28,0 × 19,6

Die Misteldrossel ist die größte europäische Drossel. Sie nistet in Nadelwäldern und in geringerem Maß auch in Mischwäldern. In Westeuropa nistet sie jedoch auch in Laubwäldern und sogar in Gärten und Parks. Sie ist ein Waldvogel der Niederungen wie auch der Berge. Die Misteldrossel baut ihr Nest auf Bäumen, verhältnismäßig hoch über der Erde (1,5 bis 15 m) und benutzt dazu mit besonderer Vorliebe Astgabeln oder bringt das Nest direkt am Stamm an.
Im Vergleich mit den Nestern anderer Drosselarten ist das Nest der Misteldrossel ein ziemlich großer Bau, der nach außen hin nicht vorgerichtet ist und eine genügend breite Grundlage hat. Als Material werden Ästchen, Wurzeln und Halme verwendet. Die Wände sind mit Erde und Schlamm verfestigt. Auf der Oberfläche liegen noch Moos und Flechten. Die Mulde ist mit trockenen Grashalmen ausgelegt. Das Nest hat einen Außendurchmesser bis zu 25 cm und ist etwa 12 cm hoch. Der Durchmesser der Mulde beträgt 11 cm, ihre Tiefe 5 cm. Das Weibchen baut am Nest ungefähr 8 Tage. Die Misteldrossel nistet zweimal jährlich von Ende März bis Juni. Das Weibchen legt vier bis fünf Eier und brütet sie 12 bis 16 Tage lang allein aus. Die Eier sind meist hell blaugrün oder bräunlichsahnefarben gefärbt und tragen rotbraune Schalenoberflecken und violette Schalenunterflecken. Im Vergleich mit den Eiern anderer Drosselarten sind sie recht bunt. Beide Alten füttern die Jungen 14 bis 16 Tage. Wenn die jungen Misteldrosseln das Nest verlassen, können sie noch nicht richtig fliegen und halten sich im Geäst in der Nähe des Nestes auf. Sie fliegen erst im Alter von 20 Tagen selbständig.

Singdrossel
Turdus philomelos

Maße:
Durchschnitt 27,3 × 20,4
Maxima 31,2 × 20,9 und 28,0 × 23,0
Minima 24,7 × 20,2 und 27,0 × 19,2

Die Singdrossel fehlt in keinem Wald; am häufigsten finden wir sie in Nadelwäldern. In den Mischwäldern gehört sie zu den häufig vorkommenden Vögeln, aber in reinen Laubholzbeständen wohnt sie nur selten. Wir finden sie von den Niederungen bis zur Baumgrenze in den Gebirgen. In den letzten Jahrzehnten begann sie, sich in Stadtparks und in Gärten anzusiedeln und wurde, wie schon früher die Amsel, ein Stadtvogel.

Die Singdrossel legt ihr Nest im dichten Pflanzenwuchs an und meidet deshalb trockene Wälder ohne Unterholz. Gewöhnlich baut sie es an den Stamm jüngerer Nadelbäume, aber auch ins Gebüsch oder auf Laubbäume, soweit sie das Nest gut decken. Es liegt 1—3 m hoch, selten höher. In Städten kann es auch auf Gebäuden liegen. Das Nest ist aus Ästchen, Halmen und trockenem Gras, vermischt mit Moos und Flechten, gebaut. Im Gegensatz zu den anderen Drosselarten ist die tiefe, halbkugelförmige Nestmulde mit einer besonderen Masse ausgestrichen, die aus einem Gemisch von Holzmulm, Lehm und Speichel besteht. Nach dem Erstarren entsteht so eine feste, glatte Wand. Das Nest hat einen Durchmesser von 10—18 cm und ist 8—9,5 cm hoch. Die Mulde hat einen Durchmesser von 9—11 cm und ist 6—7,5 cm tief.

Die erste Brut fällt in den April oder Mai, die zweite in den Juni bis Juli. Das Gelege umfaßt gewöhnlich fünf (vier bis sechs) Eier. Sie sind in der Grundfarbe hellblau und tragen vereinzelte schwarze oder schwarzbraune Flecken. Das Weibchen baut nicht nur das Nest allein, sondern ihm bleibt auch die gesamte Brutpflege überlassen. Es setzt sich erst beim Ablegen des letzten Eies auf das Nest und brütet im ganzen 12 bis 13 Tage. Die Jungen werden von beiden Eltern gefüttert und verlassen das Nest nach 12 bis 14 Tagen, wenn sie noch nicht richtig fliegen können.

Amsel, Schwarzdrossel
Turdus merula

Maße:
Durchschnitt   *29,5 × 21,5*
Maxima   *35,0 × 21,5 und 34,0 × 24,0*
Minima   *24,2 × 19,0*

Die Amsel wurde, ähnlich wie die Drossel, allmählich ein typischer Stadtvogel. Wahrscheinlich deshalb, weil sie in der Nähe des Menschen mehr Nahrung findet. Aber auch aus dem Wald ist sie nicht ganz verschwunden, und in Osteuropa kam es noch nicht zu ihrer „Verstädterung". Es gibt also Populationen von Wald- und Stadtamseln, die entsprechend ihrer verschiedenen Lebensbedingungen auch eine verschiedene Nistbiologie aufweisen. Die im Wald lebenden Amseln sind nicht besonders anspruchsvoll und siedeln nur in trockenen und ziemlich lichten Wäldern. Sie leben sowohl in den Niederungen als auch im Gebirge.
Beide Partner wählen den Standort für das Nest. Ursprünglich nistete die Amsel nur in dichten Baumkronen und im Gebüsch, jetzt fast überall. Die in der Stadt lebenden Amseln nisten in Reisig und Holzhaufen, in Heckenzäunen, unter Dächern, auf den Gesimsen der Häuser, hinter Regenrohren, einfach überall, wo ein Versteck und eine Unterlage, auf der das Nest ruhen kann, vorhanden sind. Das Nest wird aus Ästchen, Blättern und Moos unter Beimischung von Lehm gebaut. Die Nestmulde ist mit feinen, trockenen Halmen und Blättern, manchmal auch mit Federn gepolstert. Das Nest mißt im Durchmesser 13—20 cm, in der Höhe 7—9 cm. Die Mulde hat einen Durchmesser von 7—10 cm und ist 4—6 cm tief.
Die Amsel nistet jährlich zwei- bis dreimal. Die ersten Gelege können wir meist schon im April, bei den Stadtamseln schon im März finden. Sie umfassen vier bis sechs Eier. Die zweite, gegebenenfalls dritte Brut besteht aus durchschnittlich vier Eiern. Die Eier sind in der Färbung sehr variabel. Sie sind hellgrün oder blaugrün gefärbt und haben rostrote Flecken, die manchmal am Pol dichter und ein andermal wieder verwischt sind. Das Weibchen brütet 12 bis 14 Tage und wird manchmal auch vom Männchen abgelöst. Beide Altvögel füttern ihre Jungen zwei Wochen im Nest und noch ungefähr zwei Wochen nach dem Ausfliegen.

Steinschmätzer
Oenanthe oenanthe

Maße:
Durchschnitt   *20,8 × 15,6*
Maxima   *24,8 × 15,4 und 23,4 × 17,5*
Minima   *18,6 × 15,7 und 22,0 × 14,1*
unter Naturschutz

Diesen Vogel treffen wir nicht überall an. Er bewohnt offenes, flaches Gelände ohne Rücksicht auf die Höhenlage. In Europa kommt er von der Küste bis ins Hochgebirge (2500 m) vor. Er bewohnt trockene, öde Stellen, Steppen, trockene, sandige Landschaften, Felsgeröll und die Steinfelder der Gebirge. In den Wäldern der Norddeutschen Tiefebene nistet er auch auf ausgedehnten Lichtungen.

Der Steinschmätzer baut sein Nest immer in Höhlen oder Halbhöhlen zwischen Steinen, in Felsspalten und in die Hohlräume von Sand- und Lehmwänden. Manchmal nistet er auch in den Höhlen verschiedener Säugetiere und Vögel, die in der Regel niedrig über oder direkt auf dem Boden liegen. Nur selten nistet er dagegen in Baumhöhlen. Sein Nest ist ein ungeordneter Bau aus Halmen, Blättern, Wurzeln, feinen Ästchen und Nadelreisern und hat einen Durchmesser von ungefähr 12 cm. Die Mulde ist 7 cm groß und nur ungefähr 3,5 cm tief. Sie ist reichlich mit Federn, Pflanzenfasern, Borsten und Haaren ausgepolstert. Kurz nach der Ankunft aus dem Winterquartier nehmen die Alten ihr Brutrevier in Besitz; die Männchen markieren das Revier mit Gesang und verteidigen es gegen jeden Eindringling. Ob sich beide Partner am Nestbau beteiligen, ist noch nicht geklärt. In jedem Fall hat das Weibchen den größten Anteil daran. Es baut vor allem früh und spät nachmittags.

Das Weibchen des Steinschmätzers brütet seine fünf bis sechs, selten auch sieben Eier 13 bis 14 Tage lang allein aus. Die Jungen werden dann von beiden Eltern 15 Tage lang gefüttert, bevor sie das Nest verlassen. Mit 19 Tagen können sie schon fliegen, verbergen sich bei Gefahr aber oft lieber zwischen Steinen. Bei uns nistet der Steinschmätzer nur einmal im Jahr, von der zweiten Maihälfte an bis zum Juli. Unter günstigen Bedingungen oder bei Verlust der Brut nistet er ein zweites Mal. Seine Eier sind glatt, mattglänzend und einfarbig hellblau.

Braunkehlchen
Saxicola rubetra

Maße:
Durchschnitt 18,7 × 14,4
Maxima 21,5 × 14,5 und 19,8 × 15,5
Minima 16,6 × 13,8 und 19,3 × 13,5
unter Naturschutz

Das Braunkehlchen bewohnt feuchte Wiesen und höheren Pflanzenwuchs. Es lebt aber auch auf Lichtungen und in Westeuropa sogar auf Feldern. Manchmal nistet das Braunkehlchen schon Ende März, normalerweise jedoch erst im April. Sein Nest ist im dichten Pflanzenwuchs schwer zu finden, da es in den Boden eingelassen ist. Von oben ist es immer durch die ringsum stehenden Pflanzen und Äste des Gebüsches gut getarnt.

Das verhältnismäßig ordentliche Nest ist aus trockenen Halmen, Blättern und Wurzeln geflochten und innen mit Pflanzen- und Tierwolle, Haaren, seltener mit Federn gepolstert. Das Weibchen legt in der Zeit von Mitte Mai bis Juni fünf bis sechs, selten vier bis sieben blaugrüne Eier. Gewöhnlich brütet das Pärchen nur einmal im Jahr. Das Weibchen setzt sich mit Ablage des letzten, gegebenenfalls des vorletzten Eies auf das Nest. Gebrütet wird 13 Tage. Den meisten Angaben nach brütet das Weibchen alleine. Es gibt aber Ausnahmen. In einigen Fällen wurde beobachtet, daß das Männchen das Weibchen während des Brütens fütterte.

Die Eier sind meistens einfarbig blaugrün und manchmal fein rostig gefleckt. Sobald die Jungen ausschlüpfen, beginnt sich auch das Männchen fleißig um seine Familie zu kümmern. Die Jungen des Braunkehlchens kriechen, wie die Mehrzahl der Jungen der kleinen, auf der Erde nistenden Singvögel, bald aus dem Nest und verstecken sich in seiner Nähe. Sie verlassen das Nest nach 12 bis 13 Tagen und werden dann noch zwei bis drei Wochen von den Alten gefüttert. Erst nach 17 bis 19 Tagen beginnen sie zu fliegen.

Gartenrotschwanz
Phoenicurus phoenicurus

Maße:
Durchschnitt   18,8 × 13,7
Maxima   20,7 × 13,5 und 18,8 × 15,1
Minima   16,1 × 13,1 und 16,6 × 12,6
unter Naturschutz

Als typischer Baumbewohner siedelt dieser nahe Verwandte des Hausrotschwanzes überall dort, wo es genügend hochstämmige Bäume gibt. In den niederen und mittleren Lagen treffen wir ihn sowohl in Laub- als auch in Misch- und Kiefernwäldern an. In Fichtenbeständen kommt er selten vor. Besonders typisch ist dieser Vogel in alten Parks und Gärten. Wir finden ihn in zerklüftetem, felsigem Gelände und er fehlt auch in den Bergen nicht, soweit dort noch hohe Bäume wachsen.
Der Gartenrotschwanz versteckt sein Nest meist in den natürlichen Hohlräumen alter Bäume, in verlassenen Spechthöhlen oder in Halbhöhlen, die beim Ausbrechen von Ästen entstehen. Sehr gern bewohnt er auch Nistkästen. Manchmal zieht er auch in Mauerhöhlungen und Felsspalten ein. Während er in Mitteleuropa selten in Erdhöhlen nistet, benutzt der Gartenrotschwanz in den Kiefernwäldern Nordeuropas häufig die Höhlungen im Boden. Das Nest liegt meist 1—5 m über der Erde und wird nur vom Weibchen gebaut. Es wird aus Halmen, Moos, Wurzeln und Blättern geflochten und reichlich mit Federn und Haaren ausgepolstert. Das Gelege mit sechs bis sieben und ausnahmsweise auch acht bis neun Eiern liegt manchmal erst einen Monat nach dem Baubeginn im Nest. Die Eier sind blaugrün und nur selten undeutlich braunrot gefleckt.
Das Weibchen setzt sich vor Ablage des letzten Eies auf das Nest und brütet wahrscheinlich ohne Beteiligung des Männchens 12 bis 14 Tage. Beide Eltern füttern ihre Jungen 14 bis 15 Tage im Nest. Es wurde festgestellt, daß ein Gartenrotschwanz-Pärchen seine Jungen innerhalb von 12 Tagen 3457mal fütterte. Der Gartenrotschwanz nistet gewöhnlich einmal im Jahr. Wie lange die Jungen nach dem Verlassen des Nestes gefüttert werden, ist noch nicht bekannt.

Hausrotschwanz
Phoenicurus ochruros

Maße:
Durchschnitt   *19,3 × 14,2*
Maxima   *21,8 × 15,0 und 20,6 × 16,4*
Minima   *17,0 × 14,5 und 17,2 × 13,3*
unter Naturschutz

Wir können den schnarrenden Gesang des Hausrotschwanzes in den öden Felsen im Hochgebirge über der Baumgrenze, in den Felsformationen der Niederungen, im Steingeröll unter den Bergriesen, in Steinbrüchen und an den felsigen Abhängen von Flußufern hören. Dort ist seine ursprüngliche Heimat. Wann sich die ersten Hausrotschwänze den menschlichen Ansiedlungen genähert haben und ihre Felsen mit bewohnten und unbewohnten Gebäuden vertauschten, wissen wir nicht. Das war wahrscheinlich vor sehr langer Zeit. Heute bewohnt der Hausrotschwanz beide Biotope, und es scheint, daß ihm die Nähe des Menschen mehr zusagt.
Natürlich ist auch der Standort des Nestes bei beiden Populationen verschieden. Während die einen in Felsspalten und Klüften nisten, nehmen die „kultivierten" Hausrotschwänze mit irgendeinem dunklen Winkel im Dach, mit Hohlräumen in Mauerwerk und Ruinen, in Schuppen, Altanen, Baustofflagern und Ziegeleien vorlieb. Die Gestalt seines Nestes ist der Halbhöhle, die sich der Haustrotschwanz zum Bau ausgesucht hat, angeglichen. Es kann flach und auch hoch sein. Im ganzen ist es ein ungeordneter Haufen aus trockenen Halmen und Wurzeln. Die Nestmulde ist mit Wolle, Haaren und manchmal mit Federn ausgelegt. Der Hausrotschwanz brütet jährlich zweimal von April bis Juli. Seine Eier sind reinweiß, glänzend, manchmal schwach bläulich getönt oder besonders selten fein rot gefleckt. Das Gelege umfaßt gewöhnlich fünf bis sechs Eier. Das Weibchen baut und brütet alleine. Nach 13 bis 14 Tagen schlüpfen die Jungen; sie werden 12 bis 14 Tage lang von beiden Eltern gefüttert. Noch bevor sie richtig fliegen können, verlassen sie das Nest; sie halten sich aber noch lange unter der Obhut ihrer Eltern auf.

Nachtigall
Luscinia megarhynchos

Maße:
Durchschnitt 20,9 × 15,5
Maxima 24,0 × 16,5 und 16,8 × 23,0
Minima 18,3 × 16,0 und 19,1 × 13,8
unter Naturschutz

Die Nachtigall kommt nur in wärmeren Gebieten der Niederungen vor, und zwar in Wäldern, deren Buschwerk und niedriges Unterholz ausreichend Schutz gewähren. Sie nistet im Wald, auch in ausgedehnten Parks und Gärten, in größeren Schuppen und auf Friedhöfen. In Mitteleuropa können wir sie nur bis zu einer Höhe von 400 Metern antreffen. In Richtung Süden kommt sie jedoch auch in höhere Lagen vor.
Sie baut ihr Nest entweder direkt auf den Boden oder nur wenig darüber. Wir können es im Gewirr von Ästen und Gras, im stacheligen Gebüsch und seltener in der Krone niedriger Nadelbäume finden. Das Nest ist ein wenig kompakter Bau, dessen Unterteil aus trockenen Blättern und der Oberteil aus Wurzeln, Halmen und Moos besteht. Die Nestmulde enthält Tierhaare und feine Wurzeln. Wahrscheinlich baut nur das Weibchen an diesem unordentlichen und wenig ansehnlichen Nest ungefähr drei Tage. Die Nachtigall brütet normalerweise nur einmal jährlich im Mai bis Juni. Die Brut enthält vier bis sechs, gewöhnlich fünf Eier. Sie sind recht verschieden geformt. Ihre Grundfarbe ist ein Olivgrün, Olivbraun und manchmal ein helles Braungrün; sie tragen braune Flecken und feine schwarze Schnörkel. Das Männchen brütet nicht. Nach 13 Tagen schlüpfen die Jungen aus, die in den ersten Tagen nur vom Weibchen versorgt werden. Später zeigt auch das Männchen Interesse an der Brut. Die herangebrachte Nahrung überreicht es anfangs nur dem Weibchen, später füttern beide. Die Jungen verlassen das Nest, wenn sie noch nicht ganz erwachsen sind, und kriechen schnell in das Unterholz der Umgebung. Nach drei Tagen flattern sie umher, und nach 10 Tagen sind sie selbständig.

Rotkehlchen
Erithacus rubecula

Maße:
Durchschnitt 19,4 × 14,8
Maxima 22,3 × 15,5 und 20,5 × 17,0
Minima 18,0 × 16,6 und 18,5 × 14,0
unter Naturschutz

Die eigentliche Heimat dieses liebenswürdigen Vogels sind im weitesten Sinne des Wortes die Wälder, soweit sie irgendein Unterholz aufweisen. Das können Laubhaine der Niederungen oder Fichtenwälder der Gebirge sein. Überall fühlt sich das Rotkehlchen zu Hause. Junge Bestände sagen ihm mehr zu als hochstämmige Waldungen. Wir treffen es aber auch in ausgedehnteren Gärten und Parkanlagen, und in Westeuropa wurde es ein zutraulicher Bewohner der Umgebung menschlicher Siedlungen, der Parks und Gärten.
Das Nest, das das Weibchen baut, ist immer gut versteckt. Es liegt in einer Halbhöhle am Boden, unter entwurzelten Bäumen, unter abgebrochenen Uferböschungen, an Bächen, in ausgefaulten Baumstümpfen, unter steinernen Brücken, auf oder nur wenig über der Erde. In einigen Gegenden baut das Rotkehlchen sein Nest in Heckenzäune, an Gebäude, die mit Kletterpflanzen bewachsen sind, und schließlich auch in Nistkästen. Zum Nestbau verwendet es trockene Blätter, Mooshalme und Flechten. Die Mulde wird mit feinerem Material, mit Pflanzenwolle, Tierhaaren und Federn ausgefüllt. Das ganze, nicht besonders hergerichtete Nest hat einen Durchmesser von 9—10 cm und ist 5 cm hoch. Die Mulde mißt im Durchmesser ungefähr 7 cm. Das Weibchen legt im April und Mai das erste, in der Zeit von Juni bis Juli das zweite Gelege von vier bis neun Eiern. Sie sind auf weißlichem Grund entweder dichter oder lockerer rostbraun gefleckt und tragen einzelne violettgraue Schalenunterflecken. Das Weibchen brütet allein 13 bis 14 Tage und wird dabei vom Männchen gefüttert. Die Jungen bleiben ungefähr zwei Wochen im Nest und kriechen dann, ohne richtig fliegen zu können, in der Umgebung umher. Das Männchen kümmert sich noch um sie, während das Weibchen manchmal schon auf dem neuen Gelege sitzt.

Drosselrohrsänger
Acrocephalus arundinaceus

Maße:
Durchschnitt 22,6 × 16,3
Maxima 24,8 × 16,3 und 23,0 × 17,2
Minima 20,9 × 16,2 und 21,2 × 15,3
unter Naturschutz

Der Drosselrohrsänger fehlt in keinem größeren Röhricht- oder Schilfbestand an den Ufern von Teichen, Seen und ruhigen Flußläufen. Dort finden wir auch am ehesten sein mächtiges Beutelnest, dessen Durchmesser 10—12 cm beträgt und das 15—20 cm hoch ist. Es ist ein Werk des Weibchens, das es, vom Männchen nur begleitet, innerhalb von fünf Tagen baut. Das Nest ist geschickt an vier bis neun Rohrhalmen, die die Wände durchlaufen, aufgehängt. Als Baumaterial dienen verschiedene Stengel und Blätter von Wasserpflanzen, die auf der Wasserfläche und auf dem trockenen Ufer gesammelt werden. Die Nestmulde ist mit einer feinen Schicht aus verschiedenen Pflanzenteilen, Moos und nur verhältnismäßig selten mit Frucht- und Tierwolle und Federn gepolstert. Die Nestränder sind leicht nach innen gezogen, damit die Brut nicht ins Wasser fallen kann. Das Nest hängt fast immer über dem Wasser, und zwar 0,3—1,4 m hoch. Da die Vögel ihre Nester in einer Zeit bauen, in der das Rohr noch wächst, vergrößert sich der Abstand der Nester vom Wasserspiegel mit dem Wachstum des Rohres.

Der Drosselrohrsänger nistet von Mai bis Juli meist einmal und nur selten zweimal jährlich. Die vier bis fünf, ausnahmsweise auch drei oder sechs Eier tragen auf bläulichgrünem Grund olivbraune bis schwarzbraune Schalenober- und graue Schalenunterflecken. Beide Eltern brüten. In einigen Fällen wurde beobachtet, daß das Männchen das auf der Brut sitzende Weibchen füttert. Nach 13 bis 15 Tagen schlüpfen die Jungen; sie werden weitere 12 Tage von den Eltern im Nest gefüttert. Vier Tage nach Verlassen des Nestes beginnen sie dann, im Röhricht herumzufliegen.

Teichrohrsänger
Acrocephalus scirpaceus

Maße:
Durchschnitt *18,6 × 13,8*
Maxima *20,9 × 13,8 und 19,7 × 14,9*
Minima *16,5 × 13,0 und 17,4 × 12,6*
unter Naturschutz

Dem Teichrohrsänger reicht manchmal ein sehr kleiner Schilfrohrbestand an den Ufern von Seen, Teichen, Tümpeln und Flußarmen, an dem er sein typisches Beutelnest flechten kann. Das Weibchen baut alleine und wird vom Männchen nur begleitet. Grundmaterial sind dünne, schmale Blätter von Wasserpflanzen, die das Weibchen geschickt um drei bis sechs eng beieinander wachsende Rohrhalme schlingt. Die Mulde ist sehr tief, und der Rand eines neugebauten Nestes ist eingezogen. Die Eier fallen deshalb auch bei starkem Wind und heftigem Schwanken des Rohres nicht heraus. Innen ist das Nest mit feinem Laub, manchmal auch mit Spinnweben, aber nur selten mit Haaren und Federn ausgepolstert. Die Teichrohrsänger beginnen erst zu bauen, wenn das Rohr schon herangewachsen ist. Nach fünf Tagen ist der Bau fertig. Er hat einen Durchmesser von 7,5—8 cm und ist 5—7 cm hoch. Die Nestmulde ist ungefähr 4—5 cm tief. Das Nest liegt etwa 20—100 cm über dem Wasser. Auch Nester, die in den Ästen von Büschen und Weiden über dem festen Boden liegen, sind nicht selten.

Der Teichrohrsänger brütet in der Zeit von Mai bis Juli ein- bis zweimal im Jahr. Das Weibchen legt gewöhnlich vier bis fünf Eier, selten eines mehr oder weniger. Die Eier sind auf weißem Grund grob und dicht olivbraun gefleckt. Manchmal verdichten sich die Flecken zum stumpfen Eipol hin, und anderswo bilden sie einen verschwommenen Kranz. Oft tauchen zwischen den olivbraunen Flecken auch kleine schwarze Punkte auf. Beide Altvögel brüten 11 bis 12 Tage lang und beginnen damit wahrscheinlich nach Ablage des letzten Eies. Beide Vögel füttern auch, wobei manchmal das Männchen die Nahrung dem Weibchen übergibt und dieses dann die Jungen allein füttert. Nach 9 bis 13 Tagen verlassen die jungen Teichrohrsänger das Nest. Sie können zwar noch nicht fliegen, halten sich aber an den Rohrhalmen gut fest.

Mönchsgrasmücke
Sylvia atricapilla

Maße:
Durchschnitt   19,7 × 14,6
Maxima   21,6 × 14,6 und 20,5 × 16,1
Minima   17,1 × 13,3
unter Naturschutz

Dieser ausgezeichnete Sänger lebt in der Brutzeit vor allem in jüngeren Beständen von Laub- und Nadelgehölzen und in Wäldern mit dichtem Unterholz. Wir können ihn auch in Mischwäldern, Parks, in verwachsenen Tälern und Schluchten antreffen. Entlang von Bächen steigt die Mönchsgrasmücke fast bis zur oberen Baumgrenze auf. Als Standort für ihr Nest sucht sie Astgabeln im dichten Gewirr der Sträucher, der Kronen junger Nadelbäume, der Stauden und Dornbüsche. Das Nest liegt nur selten mehr als zwei Meter hoch über der Erde. Im Vergleich zu den Nestern anderer Grasmücken ist das Nest sehr fest. Als Baumaterial dienen Stengel, Wurzeln, Flechten, Pflanzenwolle, und in der Mulde kann man auch Roßhaare finden. Der Bau hat einen äußeren Durchmesser von 10—11 cm; der Durchmesser der Mulde beträgt ungefähr 5 cm und ihre Tiefe 6 cm. Das Nest errichten beide Partner. Die Bauweise ähnelt der der Dorngrasmücke.

Die Mönchsgrasmücke brütet zweimal jährlich von Mai bis Juli und legt gewöhnlich vier bis fünf, selten sechs Eier, deren Färbung sehr verschieden sein kann. Auf bräunlichweißem oder grauem Grund liegen graue Schalenunter- und dunkelbraune, unscharfe Schalenoberflecken. Dazu kommen oft noch größere rotbraune Flecken, sogenannte Brandflecken. Auch vollkommen rötliche und gefleckte Eier sind keine Seltenheit. Beide Partner brüten 12 bis 14 Tage. Sie setzen sich entweder erst bei Ablage des letzten oder schon des zweiten Eies auf die Brut. Die Jungen werden 10 bis 11 Tage lang gefüttert.

Dorngrasmücke
Sylvia communis

Maße:
Durchschnitt   *18,1 × 13,8*
Maxima   *20,8 × 14,6 und 17,5 × 15,4*
Minima   *16,1 × 13,4 und 17,2 × 12,8*
unter *Naturschutz*

Die Dorngrasmücke lebt am liebsten im Buschwerk des offenen Geländes. Sie nistet in den Büschen, an Feldrainen, am Waldrand, auf unfruchtbaren Böden, in verlassenen Steinbrüchen, in Schluchten und an den Ufern von Bächen und stehenden Gewässern. Auch hoch in den Bergen können wir sie auf dicht verwachsenen Lichtungen finden.

Das Männchen trifft vom Winterquartier früher am Nistplatz ein als das Weibchen, wählt ein Brutrevier und baut darin einige grobe Nestgrundlagen. Später gesellt sich das Weibchen dazu, und gemeinsam stellen sie ein Nest fertig. Sie verwenden ähnliches Baumaterial wie die Mönchsgrasmücke, aber der Nestrand ist aus Frucht- und Tierwolle und den Kokons von Raupen geflochten. Das Nest liegt niedrig über dem Boden im dichtesten Gebüsch.

Die Dorngrasmücke brütet zweimal jährlich von Mai bis Juli. Sie legt vier bis fünf Eier, die in der Färbung recht variabel sind. Auf graugrünem Grund tragen sie graue Schalenunter- und olivbraune Schalenoberflecken. Es gibt verschiedene Variationen von gelblich-bräunlich bis weiß mit rötlichen Flecken. Beide Partner brüten 12 bis 13 Tage lang. Die jungen Dorngrasmücken schlüpfen im Laufe von 3 bis 18 Stunden aus. Die Alten sitzen danach noch weitere 4 bis 5 Tage ununterbrochen und 9 bis 10 Tage nur nachts auf ihnen. Die Jungen sind dann schon befiedert und benötigen nicht mehr so viel Wärme. Am zwölften Tage verlassen die Jungvögel das Nest und setzen sich auf die Zweige in der Nachbarschaft. Die Alten füttern ihren inzwischen schon flüggen Nachwuchs noch drei Wochen.

Zilpzalp
Phylloscopus collybita

Maße:
Durchschnitt 14,8 × 11,5
Maxima 17,2 × 12,3 und 16,0 × 13,0
Minima 13,3 × 11,5 und 14,7 × 11,3
unter Naturschutz

Der Zilpzalp wohnt in allen Waldtypen, von den Niederungen bis an die Baumgrenze der Gebirge. Da er auf dem Boden nistet, sucht er sich Stellen mit Unterholz, wo er sein Nest ausreichend verstecken kann. Im hochstämmigen Wald finden wir ihn immer an lichteren Stellen — im Jungholz oder in Gruppen jüngerer Bäume. Sonst kommt er auch in größeren Parks und alten verwachsenen Gärten vor.

Auch hier kommt das Männchen zuerst aus dem Winterquartier zurück und wählt das Brutrevier. Das Weibchen kommt später nach, bestimmt den Nistplatz und beginnt zu bauen. Dabei wird es vom Männchen nur begleitet. Das Nest ist ein kugelförmiger, von oben gedeckter Bau, der im Gewirr der Pflanzen liegt, wie zum Beispiel unter Bäumen, in Grasbüscheln, Heidekraut oder Heidelbeerbüschen, entweder auf oder nur wenig über dem Boden. Als Baumaterial dienen vor allem alte Blätter und Halme, gelegentlich auch Moos und Flechten. Die Nestmulde ist mit Haaren, Wolle und sparsam auch mit Federn ausgelegt. Die verhältnismäßig breite Flugöffnung liegt im oberen Teil des Nestes und ist schräg nach innen gerichtet, so daß die Eier von oben sichtbar sind.

Das Weibchen legt in der Zeit von Mai bis Juni fünf bis sechs, selten sieben Eier. Die zweite Brut folgt im Juni. Die Eier haben auf weißem Grund hellrotbraune Flecken und violettgraue Schalenunterflecken, die am stumpfen Pol manchmal einen undeutlichen Kranz bilden. Das Weibchen setzt sich mit Ablage des letzten Eies auf das Gelege. Nach 13 bis 14 Tagen schlüpfen die Jungen aus, die im Nest weitere 13 bis 14 Tage nur vom Weibchen gefüttert werden. Mit ihm bleiben sie noch lange nach dem Ausfliegen zusammen.

Waldlaubsänger
Phylloscopus sibilatrix

Maße:
Durchschnitt   *15,9 × 12,4*
Maxima   *18,4 × 12,5 und 16,8 × 13,6*
Minima   *14,4 × 12,2 und 15,5 × 11,5*
unter Naturschutz

Der Waldlaubsänger fehlt in keinem Buchenwald. Wir treffen ihn aber ebenso in Beständen von Buchen mit Tannen oder Kiefern, soweit sie ein genügend dichtes Gewölbe bilden, denn der Waldlaubsänger bewegt sich meist hoch in den Wipfeln der Bäume. In einigen Gebieten Europas bewohnt er auch Parkwälder aus Laub- und Nadelgehölzen und in Norddeutschland sogar Kiefernwälder. Er kommt sowohl in den Niederungen als auch im Hügelland und Gebirge bis zu 1500 Meter vor. Kurz nach der Rückkehr von den Winterplätzen und nach der Paarung sucht das Weibchen eine geeignete Stelle und beginnt, das Nest zu bauen.

Als grobe Grundlage für sein zukünftiges Kugelnest verwendet der Waldlaubsänger trockene Halme und Blätter; das Innere des Nestes legt er mit feinerem Material aus. Dazu benutzt er oft Moos und nur ausnahmsweise Federn. Sein Nest macht einen viel weniger ordentlichen Eindruck als die Nester der anderen Laubsänger, und es ist gewöhnlich auch nicht so gut versteckt. Es liegt oft in einer Vertiefung im niedrigen Gras, im gefallenen Laub, in Heide- und Heidelbeerkraut. Das Flugloch kann in alle Himmelsrichtungen weisen. Beim Nestbau, der zwei bis drei Tage dauert, begleitet das Männchen das Weibchen zwar fleißig, baut aber selbst nicht mit. Von Mai bis Juni legt das Weibchen im Abstand von einem Tag sechs bis sieben Eier. Sie sind auf weißlichem Grund rostbraun und dunkelbraun gefleckt und gestrichelt. Oft scheinen noch aschgraue Schalenunterflecken durch. Die Zeichnung konzentriert sich oft am stumpfen Pol. Das Weibchen beginnt normalerweise nach Ablage des vierten Eies mit dem 13 bis 14 Tage dauernden Brüten. Auch in dieser Zeit muß es sich selbst versorgen. Die ersten Tage nach dem Schlüpfen werden die Jungen hauptsächlich vom Männchen gefüttert, während das Weibchen erst kurz vor dem Ausfliegen die Jungen wieder ganz allein füttert.

Wintergoldhähnchen
Regulus regulus

Maße:
Durchschnitt   *13,6 × 10,3*
Maxima   *14,8 × 11,1 und 14,7 × 11,3*
Minima   *12,2 × 10,0 und 13,4 × 9,5*
unter Naturschutz

Dieser kleinste europäische Vogel, wahrscheinlich auch der kleinste Singvogel überhaupt, ist auf Nadelbäume angewiesen und deshalb in Fichten- und Tannenwäldern am häufigsten. Er nistet auch in Mischholzbeständen, soweit in ihnen Gruppen von Nadelbäumen wachsen. Beide Partner bauen das Nest und beginnen damit schon Ende März. Im Verhältnis zur Größe der Wintergoldhähnchen ist das Nest ein mächtiger Bau von fast kugelförmiger Gestalt, der geschickt in die waagerechten Äste der Fichten und Tannen geflochten ist. Das Nest ist dickwandig und verringert sich nach oben zu einer verhältnismäßig kleinen Öffnung, damit die Eier auch bei starkem Wind nicht hinausfallen können. Zum Bau verwendet das Wintergoldhähnchen vor allem Moos, Flechten, Bast, Spinnweben und die Kokons von Raupen. Das Innere polstert es mit Wolle und Federn. Das Nest hat einen Außendurchmesser von 9—11 cm und einen Innendurchmesser von 6 cm. Einerseits liegt das Nest sehr hoch (8—12 cm) und andererseits so gut im Geäst versteckt, daß es wirklich schwer zu finden ist. Selten nur baut das Wintergoldhähnchen sein Nest niedriger, zum Beispiel in Wacholdersträuchern. Der ganze Bau dauert 12 und mehr Tage.

Das erste Mal brütet das Wintergoldhähnchen Ende April, Anfang Mai, das zweite Mal im Juni. Sein Gelege umfaßt acht bis zehn Eier, sie sind auf gelblichem bis weißem Grund mit dunkleren wolkigen Flecken bedeckt, die am stumpfen Pol zu einem undeutlichen Kranz zusammenlaufen. Das Weibchen brütet allein 12 bis 17 Tage. Das Männchen beteiligt sich erst an der Fütterung der Jungen, die 15 bis 16 Tage, nach anderen Angaben bis zu 21 Tage im Nest bleiben. Die Jungvögel halten sich nach dem Ausfliegen angeblich noch 18 bis 37 Tage in der Umgebung des Nestes auf.

Grauschnäpper
Muscicapa striata

Maße:
Durchschnitt   18,6 × 13,9
Maxima   21,2 × 14,3 und 19,6 × 15,1
Minima   17,0 × 14,0 und 18,3 × 12,9
unter Naturschutz

Der Grauschnäpper bewohnt Laub-, Misch- und Nadelwälder. Als Halbhöhlenbrüter braucht er vor allem alte, ausgewachsene Bäume, muß sich aber auch manchmal nur mit einer Astgabel zufriedengeben. Wir finden ihn häufig auch in Parks und größeren Gärten, in Alleen und auch auf Friedhöfen. Er steigt ziemlich hoch in die Berge auf, vereinzelt sogar bis zur Baumgrenze. In der Nähe menschlicher Siedlungen baut er sein Nest auch unter die Dächer von Balkons, Schuppen, in Nistkästen oder in die Kletterpflanzen an Hauswänden.

Sein Nest liegt zwei bis fünf Meter hoch und wird von beiden Partnern gebaut, wobei das Weibchen aber den größeren Anteil hat. Es ist ein ungeordneter Bau, der nach drei bis acht Tagen fertiggestellt ist. Baumaterial sind Moos, Wurzeln, Halme und Grasblätter. Die Mulde ist mit Haaren und Wolle gepolstert. Das Nest hat einen Durchmesser von 9—19 cm und ist 4—6 cm hoch. Die Mulde ist 5—6 cm breit und 4—5 cm tief.

Das Weibchen legt ungefähr eine Woche nach Abschluß des Nestbaues von Mai bis Juni gewöhnlich fünf Eier (vier bis neun). Der Grauschnäpper nistet einmal jährlich, ein Teil der Population aber bestimmt auch zweimal. Die Eier sind grüngrau oder blaugrau und haben violettgraue Schalenunter- und lebhaft rostbraune Schalenoberflecken. Die Flecken laufen häufig am stumpfen Pol fast völlig ineinander. Das Weibchen brütet manchmal schon nach Ablage des zweiten Eies. Wieweit sich am Brutgeschäft auch das Männchen beteiligt, ist noch nicht zuverlässig nachgewiesen. Am wahrscheinlichsten ist aber, daß das Weibchen allein brütet und vom Männchen gefüttert wird. Nach 12 bis 13 Tagen schlüpfen die Jungen, die noch einmal dieselbe Zeit im Nest bleiben und gefüttert werden.

Heckenbraunelle
Prunella modularis

Maße:
Durchschnitt   *19,2 × 14,4*
Maxima   *22,5 × 15,0 und 20,2 × 16,0*
Minima   *17,5 × 14,0 und 19,8 × 13,2*
unter Naturschutz

In Westeuropa, zum Beispiel in England und Frankreich, bewohnt die Heckenbraunelle Parks, Gärten und Anlagen, wo sie üblicherweise in Gebüschen und Heckenzäunen nistet. Nach Osten hin ändert sich das, und in Mitteleuropa bewohnt dieser verborgen lebende Vogel die Nadelwälder höherer Lagen. Außerdem findet man ihn in Misch- und vor allem in Fichtenwäldern in den Niederungen und im Hügelland. Noch gegen Ende des vergangenen Jahrhunderts war die Heckenbraunelle ein typischer Gebirgsvogel, der die unteren Lagen erst später besiedelte.

Die Heckenbraunelle bewohnt schattige, kühle Stellen und hält sich am Boden auf. Nur beim Singen nimmt das Männchen einen höheren Platz irgendwo auf der Baumspitze ein. Das Nest ist im dichtesten Geäst junger Bäume versteckt. Offensichtlich werden Nadelgehölze Laubbäumen vorgezogen. Von allen Seiten ist das Nest gut gedeckt und an der Bauweise leicht zu erkennen. Hauptbaumaterial sind grünes Moos und dünne Ästchen. In der Mulde liegen feine Halme, Haare, Federn und als charakteristisches Merkmal die Sporenträger von Moosen. Das Weibchen baut allein. Die Heckenbraunelle nistet in den unteren Lagen wenigstens zweimal jährlich. Von Mitte April bis Juli legt das Weibchen vier bis fünf, ausnahmsweise auch sieben sattblaugrüne Eier. Das Brutgeschäft besorgt manchmal nur das Weibchen, anderswo brüten beide Eltern. Nach 13 bis 14 Tagen schlüpfen die Jungen, die von beiden Eltern gefüttert werden. Nach ungefähr zwei Wochen verlassen die Jungvögel das Nest, beginnen aber erst nach einigen Tagen von Gebüsch zu Gebüsch zu fliegen.

Baumpieper
Anthus trivialis

Maße:
Durchschnitt 20,4 × 15,5
Maxima 22,5 × 16,3 und 20,3 × 16,6
Minima 18,3 × 15,2 und 20,0 × 13,2
unter Naturschutz

Der Baumpieper nistet in Wäldern aller Art an lichten Stellen, am Waldrand, auf Kahlschlägen und Lichtungen in den Niederungen und in den Bergen. Als Nistplatz sucht er sich Stellen mit niedriger Bodenvegetation. Sein Nest legt er in der Regel in einer Vertiefung am Boden so an, daß es von oben gut gedeckt ist.
Es ist kein besonders gründlicher Bau. Halme, Blätterteile und viel Moos bilden das Baumaterial. Die Mulde hat glatte Wände und ist oft mit Haaren ausgepolstert. Die Polsterung kann auch völlig fehlen. Das Nest hat einen Durchmesser von 9—13 cm; die Mulde mißt 5—7 cm, sie ist 3,5—6 cm tief, und das Nest ist 6—7 cm hoch.
Einige Paare nisten nur einmal, andere Paare wiederum zweimal jährlich von April bis Juli. Nur wenige Vögel haben so verschiedenartige Eier wie die Baumpieper. Beim Betrachten einer größeren Menge möchte man kaum glauben, daß all diese in Farbe und Form so verschiedenen Eier zu einer Art gehören. Wir können drei Grundtypen unterscheiden: vollkommen rote, bräunliche und graue Eier. Diese Typen können wir nach der Art der Fleckung und Gestalt der Flecken in weitere Gruppen unterteilen. Die eine Gruppe hat nur dichte, kleine Flecken und Wolken, die andere Gruppe hat grobe, ineinanderfließende Flecken, sogenannte Brandflecken. In der dunkleren Grundfarbe liegen matte Schalenunterflecken. Die Schalenoberflecken sind entweder braunrot oder dunkelbraun. Neben runden Flecken findet man bei einigen Eiern auch strichförmige Gebilde. Während das Männchen 12 bis 14 Tage brütet, trägt das Weibchen Nahrung heran. Die Jungen werden von beiden Eltern gefüttert und verlassen das Nest nach weiteren 12 bis 14 Tagen.

Schafstelze
Motacilla flava

Maße:
Durchschnitt   18,7 × 13,9
Maxima   21,0 × 14,3 und 19,7 × 15,2
Minima   16,3 × 12,8
unter Naturschutz

Die Schafstelze bewohnt ausgedehnte Niederungen und weite Täler in der Nähe von Wasser, feuchten Wiesen und ähnlichem. Wir können sie aber auch auf verhältnismäßig trockenen Wiesen und Feldern sehen. Ein beliebter Standort sind auch vereinzelt wachsende Bäume und Sträucher und gegebenenfalls auch höhere Stauden. Die Männchen kehren im Frühling etwas eher zurück und wählen das Brutrevier, in dem dann das Weibchen, vom Männchen begleitet, das Nest baut. Das Nest ist locker aus Stengeln und Wurzeln geflochten und seine Mulde ist mit Haaren, Wolle und manchmal auch mit Federn ausgepolstert. In der Regel liegt es in einer Vertiefung unter einem Grasbüschel, unter einer Erdscholle, manchmal auch im Getreide, im Klee oder sogar im Kartoffelfeld. Soweit im flachen Gelände irgendwelche erhöhten Stellen, Hügel, Feldraine, Straßen und Eisenbahndämme vorkommen, legen die Schafstelzen ihr Nest gern an deren Rand an.
Die Schafstelze legt ihre Eier von Mai bis Juni. Es ist bisher nicht geklärt, ob spätere Bruten jeweils Ersatzgelege waren oder ob es sich um eine zweite Brut handelt. Das Nest enthält vier bis sechs Eier. Auf gelblichem, bräunlichgrünem oder rötlichem Grund sind sie sehr dicht graubraun gefleckt, so daß die Grundfarbe oft überdeckt ist. Manchmal haben die Eier auch eine lockere, schwarzbraune Punkt- oder Haarzeichnung.
Das Weibchen setzt sich beim Ablegen des letzten Eies auf das Gelege und brütet allein 13 bis 16 Tage. Die jungen Schafstelzen werden von beiden Eltern gefüttert und verlassen nach 13 Tagen das Nest. Aber erst nach vier bis fünf Tagen unternehmen sie kürzere Flüge.

Gebirgsstelze
Motacilla cinerea

Maße:
Durchschnitt 19,0 × 14,4
Maxima 21,7 × 14,3 und 24,0 × 16,0
Minima 17,0 × 14,1 und 19,0 × 12,7
unter Naturschutz

Die Gebirgsstelze ist weit mehr an Wasser gebunden als etwa die Schafstelze. Gemeinsam mit der Wasseramsel bewohnt sie die Ufer reiner Gebirgsbäche inmitten der Wälder und steigt in den Bergen bis in die Höhe alpiner Zonen, in den Alpen zum Beispiel bis zu 2700 Meter. Sie nistet aber auch in den Niederungen, und zwar nicht nur an Bächen, Kanälen und Flüßchen, sondern auch an den Ufern von Seen und abgelassenen Teichen. Schon im März kommt sie an ihren Nistplatz zurück.

Ihr Nest ist ein umfangreicher Bau, der wie ein Haufen aus trockenen Pflanzen aussieht. Hauptbaumaterial sind trockene Halme und Blätter, Ästchen und Moos. Die Mulde ist verhältnismäßig spärlich mit Haaren, feinen Fasern und Federn ausgepolstert. Das Nest liegt fast immer am Wasser, in den Aushöhlungen des Ufers, zwischen Wurzeln der Uferbäume, in alten Brückengemäuern, in den Hohlräumen von Mühlgräben, Mühleneinrichtungen und Dämmen von Talsperren und Kanälen. Nur selten findet man das Nest frei im Geäst junger, niedriger Bäume. Die Gebirgsstelze brütet in der Regel zweimal, manchmal sogar dreimal jährlich. Die Brutzeit zieht sich deshalb bis in den Juli hin. Das Weibchen legt vier bis sechs, meist aber fünf Eier, die den Eiern der Schafstelze ähneln. Nur sind sie gelber und die Flecken sind eher rotbraun. Mit Ablage des letzten Eies setzt sich das Weibchen auf das Gelege und wird vom Männchen abgelöst. Das Männchen brütet manchmal auch am meisten. Nach 12 bis 14 Tagen schlüpfen die Jungen; sie bleiben weitere 12 bis 13 Tage im Nest. Die Familie bleibt noch lange zusammen.

Star
Sturnus vulgaris

Maße:
Durchschnitt 29,6 × 21,1
Maxima 34,9 × 21,0 und 29,2 × 22,6
Minima 26,3 × 20,0 und 27,1 × 19,4

Der ursprüngliche Lebensraum des Stars sind die Laub- und Mischwälder der Niederungen und mittleren Lagen, wo er in Baumhöhlen nistet. Er wurde aber auch zum Bewohner der Kulturlandschaft und damit zum Nachbarn des Menschen. Die in manchen Gegenden alte Sitte, Nistkästen aufzuhängen, lockte sie zu den menschlichen Ansiedlungen. Erste Berichte über Starenkästen kennt man schon aus dem 16. Jahrhundert. Aber erst im 17. Jahrhundert verbreitete sich diese Gewohnheit. Der Star nistet auch in Gebäuden, unter Strohdächern, in Mauerspalten und Dachstühlen. Im Wald, in Alleen und Parks bewohnt er alte Spechthöhlen.

Das Männchen sucht die Nisthöhle aus und muß manchmal mit anderen Vögeln, die sich hier schon eingenistet haben, hart kämpfen. Das Männchen baut ebenfalls die Grundlage des Nestes, das dann unter Mithilfe des Weibchens vollendet wird. Der Grundbau besteht aus gröberem Stroh, Grashalmen, manchmal auch Ästchen, feineren Halmen und Federn. Auch das Männchen trägt Baumaterial heran. Ausgepolstert wird das Nest manchmal sogar mit frischen Blüten.

Das Weibchen legt das erste Mal in der Zeit von Ende April bis Anfang Mai fünf bis sechs, manchmal auch acht bis neun Eier. Ein kleiner Teil der Stare brütet im Juni ein zweites Mal. Junge Weibchen legen weniger Eier. Die Eier sind hellblau und ungefleckt. Nachts brütet das Weibchen allein, tagsüber wird es vom Männchen abgelöst. Die Jungen schlüpfen nach 14 Tagen aus und werden von beiden Eltern gefüttert. Sie wachsen sehr schnell heran, so daß sie nach 13 Tagen schon ihr endgültiges Gewicht erreichen und sich zu befiedern beginnen. In dieser Zeit werden sie schon nicht mehr in der Nisthöhle gefüttert. Sie stecken die Schnäbel aus dem Flugloch und erwarten so die Nahrung. Wenn sie 18 bis 21 Tage alt sind, verlassen sie das Nest. Ihre Eltern kümmern sich noch einige Tage um sie, bis sie sich dann in Scharen sammeln und ihre Nahrung selber suchen.

Grünling
Carduelis chloris

Maße:
Durchschnitt 20,4 × 14,7
Maxima 24,1 × 14,2 und 23,0 × 16,1
Minima 17,8 × 14,7 und 21,5 × 12,2
unter Naturschutz

Den Grünling finden wir überall da, wo viele Bäume sind, in lichten Laub- und Mischwäldern und an den Rändern von Nadelwäldern. Er meidet auch die Nähe des Menschen nicht und gehört zu den häufigen Bewohnern von Gärten, Parks und menschlichen Ansiedlungen überhaupt. Er kommt zeitig am Nistplatz an und nistet sich bald ein, so daß drei Bruten in einem Jahr keine Ausnahme sind.

Ende März, Anfang April sind die ersten Gelege vorhanden. Da die Bäume in dieser Zeit noch nicht sehr belaubt sind, liegen die Nester vor allem in Nadelbäumen in einer Höhe von 2 bis 6 Metern. Später findet man sie dann auch in den dichten Kronen von Büschen und Bäumen und oft in den Achseln von Stammausschlägen. Das Nest wird zum größten Teil oder ganz vom Weibchen gebaut. Der Grundbau besteht aus Ästchen, trockenen Gräsern und Wurzeln. Die Mulde polstert der Grünling mit Roßhaaren, Federn, Haaren oder feinen Wurzeln aus. Für jede Brut baut er gewöhnlich ein neues Nest. Die beiden ersten Gelege enthalten je fünf bis sechs Eier, das dritte besteht aus zwei bis vier Eiern. Die Eier sind weißlich oder blauweiß gefärbt und tragen undeutliche rötliche und violettgraue Schalenunter- und rostbraune Schalenoberflecken. Das Weibchen brütet alleine 12 bis 14 Tage und wird die ganze Zeit über, und auch noch kurze Zeit nach dem Schlüpfen der Jungen, vom Männchen gefüttert. Später werden die Jungen von beiden Eltern gefüttert. Nach 12 bis 17 Tagen verlassen sie das Nest, obwohl sie noch nicht fliegen können. Ihre klingenden Stimmen sind zuerst nur in der Nähe des Nestes zu hören. Später fliegen sie dann auseinander.

Stieglitz, Distelfink
Carduelis carduelis

Maße:
Durchschnitt *17,1 × 12,9*
Maxima *19,0 × 13,5 und 18,5 × 13,7*
Minima *15,1 × 12,0 und 15,2 × 11,9*
unter Naturschutz

Der Stieglitz ist ein Bewohner der offenen Landschaft. Geschlossene, ausgedehnte Waldungen meidet er. Am besten entsprechen ihm Dorf- und Stadtränder mit Gärten, Alleen und Baumgruppen. Sonst finden wir ihn zur Brutzeit auch in lichten Laub- und Mischwäldern, in Feld- und Wiesenhainen. Ebenso kommt er verhältnismäßig hoch im Gebirge vor und hier wiederum überwiegend in der Nähe menschlicher Ansiedlungen. Der Stieglitz baut sein ordentliches Nest in der Regel auf Bäumen, vor allem auf Obstbäumen und weniger oft in hohen Büschen. Es liegt 2 bis 10 Meter hoch in den Gabeln der Astenden. Der Unterbau des dickwandigen Nestes ist mit Fasern an den Ästen befestigt.

Das Nest wird aus trockenen Stengeln und dünnen Ästchen erbaut. Die Wände sind mit Moos und Flechten belegt. Seine Mulde ist mit zarten Wurzeln, verschiedenen Fasern, Insektengespinst, Pflanzenwolle und Haaren ausgepolstert. Das Nest hat einen Durchmesser von 7—8 cm und ist 5—6 cm hoch. Der Durchmesser der Mulde beträgt 5 cm und ihre Tiefe 3 cm. Das Nest wird vom Weibchen gebaut.

Ende April kann man die ersten Gelege finden, die vier bis sechs Eier enthalten. Die Eier tragen auf blauweißem oder weißlichem Grund rotbraune Flecken und manchmal verstreute, fast schwarze Punkte. Die Schalenunterflecken sind aschgrau. Der Stieglitz nistet gewöhnlich zweimal jährlich. Sein Weibchen brütet allein 12 bis 13 Tage. Einige Tage danach deckt es noch die Jungen zu. Die Jungen bleiben 14 Tage im Nest und werden anfangs von beiden Eltern mit Insekten, später mit im Kropf aufgeweichten Samen gefüttert.

Hänfling, Bluthänfling
Acanthis cannabina

Maße:
Durchschnitt *18,1 × 13,2*
Maxima *21,2 × 13,6 und 18,3 × 14,4*
Minima *16,3 × 12,8 und 19,3 × 11,9*
unter Naturschutz

Mit Ausnahme des Hochgebirges und geschlossener, ausgewachsener Wälder nistet der Hänfling in Anlagen, Parks und an Waldrändern. Vor allem finden wir ihn auf unfruchtbaren Böden mit dichtem Buschwerk und niedrigem Baumwuchs, in kleinen Feldhainen auf sonnigen mit Sträuchern bewachsenen Abhängen, Dünen, auf Friedhöfen und auch in Heckenzäunen. Auch in Sumpfgebieten, die mit niedrigen Bäumen und Krüppelholz bewachsen sind, fehlt er nicht.

Der Hänfling nistet normalerweise nicht höher als zwei Meter über dem Boden und bevorzugt eindeutig Büsche und niedrige Bäume vor höheren Baumkronen. Das Nest ist immer gut versteckt, und wenn man es sehen will, muß man die Äste auseinanderbiegen. Es ist kein besonders schöner, aber fester Bau. Seine äußere Schicht besteht aus Ästen, Wurzeln, Grashalmen und Baststücken. Die glatt ausgeformte Mulde ist mit Haaren, Wolle, Federn und manchmal auch mit Papierstückchen und Stoffresten ausgelegt. Obwohl das Nest alleine vom Weibchen gebaut wird, ist es schon nach vier Tagen fertig. Von Mitte April bis Juli und manchmal auch noch im August finden wir die Gelege, die vier bis sechs, höchstens aber acht Eier enthalten. Sie haben auf weißblauem Grund feine rostrote bis braunschwarze und purpurrote Flecken, Punkte und Schnörkel. Auch ungefleckte Eier sind nicht selten.

12 bis 13 Tage lang brütet hauptsächlich das Weibchen. Nur in den Nachmittagsstunden wird es kurz vom Männchen abgelöst. Die Jungen werden von beiden Eltern gefüttert und bleiben 12 bis 14 Tage im Nest. Hänflinge nisten in der Regel zweimal jährlich.

Gimpel, Dompfaff
Pyrrhula pyrrhula

Maße:
Durchschnitt 22,2 × 15,1
Maxima 22,1 × 13,6 und 20,6 × 15,7
Minima 17,5 × 14,3 und 18,0 × 12,6

Obwohl der Gimpel zur Brutzeit auch außerhalb von Waldgebieten zu finden ist, müssen wir ihn doch als Waldvogel bezeichnen. Er ist vor allem in Nadelwäldern häufig und zieht Jungholz hohen, alten Bäumen vor. Ebenso sucht er lieber die Ränder von Lichtungen, Kahlschlägen, Wegen und Schneisen auf. Er bewohnt die Misch- und Nadelwälder der mittleren und hohen Lagen, kommt an geeigneten Plätzen aber auch in den Niederungen vor und nistet gerne in alten, dichtbewachsenen Gärten und Parks.

Der Gimpel baut sein Nest meist auf Nadelbäumen, nahe oder direkt am Stamm in einer Höhe bis zu 2 Meter über dem Boden. Man findet ihn aber auch auf Laubbäumen und in Gebüschen. Der untere Teil seines Nestes ist aus trockenen Ästchen und Wurzeln, der obere Teil aus feineren Wurzeln, Moos, Blättern und Flechten gebaut. Die Nestmulde ist mit Frucht- und Tierwolle gepolstert.

Im Vergleich zu anderen Finkenarten nistet der Gimpel verhältnismäßig spät, ein- bis zweimal jährlich von Mai bis Juni. Seine Eier sind blaßblau gefärbt und haben große, rötlichgraue, wolkige Schalenunterflecken und am stumpfen Pol meist rostige bis violettbraune Schalenoberflecken. Unter ihnen findet man vereinzelt auch schwarze Punkte und Kritzel. Das Gelege umfaßt vier bis fünf, manchmal auch sechs Eier. Das Weibchen setzt sich nach Ablage des letzten Eies auf die Brut. 13 bis 14 Tage brütet das Weibchen und in manchen Fällen auch kurzzeitig das Männchen. Während des Brütens wird das Weibchen vom Männchen ab und zu aus dem Kropf gefüttert. Die Jungen bleiben 16 bis 18 Tage im Nest.

Buchfink
Fringilla coelebs

Maße:
Durchschnitt *19,3 × 14,7*
Maxima *22,9 × 14,5 und 19,8 × 15,7*
Minima *17,1 × 13,7 und 19,5 × 13,0*

Der Buchfink ist einer unserer bekanntesten Vögel. Wo Bäume wachsen, gibt es auch Finken, nicht nur überall in Wäldern, sondern auch in Parks und Gärten, in den Niederungen und in den Bergen. Auch an der Baumgrenze, wo sich hochstämmiger Waldbestand und Krüppelwuchs berühren, können wir im Frühling die schlagenden Finkenmännchen sehen. Ihr Nest ist leicht zu erkennen. Es ist aus Halmen und vor allem aus Moos und Flechten geflochten. Diesem Material sind manchmal Birkenrinde, Insektengespinst und Papierstückchen beigemischt. Die Nestmulde ist weich mit Haaren, Federn und Wolle ausgelegt.

Das Buchfinken-Weibchen baut recht früh im Jahr, so daß das Nest fertig ist, bevor die Bäume ausschlagen. Das Männchen hilft beim Nestbau nur ausnahmsweise. Das Nest liegt entweder in den Gabeln waagerechter und schräger Äste oder in den Astachseln am Stamm. Sein Durchmesser beträgt 8,5—10,5 cm und seine Höhe 6,5—8 cm. Die Mulde mißt im Durchmesser 5 cm; sie ist 4,5—5 cm tief.

Von Mitte April bis Juli legt das Weibchen zwei Gelege mit fünf bis sechs oder ausnahmsweise auch acht Eiern. Ihre Färbung ist recht verschieden. Auf hellbraunem, rötlichgrauem, graublauem oder hellblauem Grund finden sich einerseits rotbraune Wolken und schwarzbraune Punkte, andererseits größere schwarzbraune Flecken, sogenannte Brandflecken, deren Ränder verschwimmen. Die wenig auffallenden Schalenunterflecken sind violettgrau. Das Weibchen brütet und löst sich dabei manchmal mit dem Männchen ab. Es ernährt sich in dieser Zeit selbst, obwohl auch das Männchen Nahrung heranträgt. Die Jungen schlüpfen nach 12 bis 13 Tagen und bleiben noch 13 bis 14 Tage im Nest. Auch beim Füttern der Jungen hat das Weibchen den größeren Anteil. Die Buchfinken verwenden das gleiche Nest oft zweimal hintereinander.

Zamboh-Apotheke

Ulrich Schäfer
Otto-Wels-Straße 1
63452 Hanau am Main
Telefon 0 61 81/1 26 04
Telefax 0 61 81/1 39 21

Grauammer
Emberiza calandra

Maße:
Durchschnitt *24,1 × 17,2*
Maxima *28,6 × 18,0 und 26,2 × 19,5*
Minima *19,0 × 17,8 und 26,4 × 15,5*

Diese große Ammer bewohnt ausgedehnte Niederungen mit vereinzelten Bäumen und Sträuchern. Anscheinend sagen ihr jedoch feuchte Wiesen, Klee- und Luzernefelder in Flußnähe am meisten zu. Das Weibchen legt das Nest in einer kleinen Bodenvertiefung an, in einer Wiese, im Klee, in der Luzerne, auf Feldrainen und in Gräben, manchmal auch im Gebüsch und zwischen Stauden. Es liegt bis zu 30 cm hoch über dem Boden und ist aus Halmen, Blättern und Wurzeln gebaut und mit Wolle, feineren Pflanzenteilen, Haaren, Roßhaaren und einzelnen Federn gepolstert.
Die Grauammer brütet von Ende April bis Juli zweimal. Ihr Gelege enthält gewöhnlich vier bis fünf und selten drei bis sieben Eier. Die Eier tragen auf graurötlichem, grauweißem oder schmutzig fleischfarbenem Grund rötlichgraue Schalenunter- und rotbraune Schalenoberflecken. Außerdem enthält ihre Zeichnung für die Grauammer typische, haarfeine wurmartige Gebilde.
Das Weibchen setzt sich auf das Nest, noch bevor das Gelege vollständig ist. Es wird vom Männchen weder abgelöst noch gefüttert. Gebrütet wird 12 bis 14 Tage. Ungefähr einmal die Stunde verläßt das Weibchen die Eier, um Nahrung zu suchen. Die Jungen werden fast ausschließlich vom Weibchen gefüttert und bleiben ungefähr 9 bis 12 Tage im Nest, bevor sie in die Umgebung auseinanderfliegen. Daß sich die Männchen bis auf wenige Ausnahmen weder am Nestbau noch am Brutgeschäft und am Füttern der Jungen beteiligen, hängt offensichtlich damit zusammen, daß die Männchen in Vielehe leben. Wieweit diese Erscheinung jedoch bei den Grauammern verbreitet ist, ob sie vereinzelt oder allgemein auftritt, ist bisher noch nicht geklärt.

Goldammer
Emberiza citrinella

Maße:
Durchschnitt 21,6 × 16,3
Maxima 25,9 × 15,0 und 23,3 × 17,5
Minima 18,9 × 15,3 und 19,5 × 15,0
unter Naturschutz

Die Goldammer ist ein anspruchsloser Vogel. Sie nistet in der offenen Landschaft überall dort, wo es Strauchwerk und kleine Baumgruppen gibt. Wir finden diese Ammer auch am Rande menschlicher Ansiedlungen; sie fehlt nur in zusammenhängenden Kiefernwäldern. Entlang von Lichtungen und Flußläufen dringt sie bis hoch in die Berge vor.

Das Nest der Goldammer liegt entweder auf oder nur niedrig über dem Boden. Es wird vom Weibchen gebaut. Sein Unterteil ist aus trockenen Stengeln, dünnen Ästchen und Blättern geflochten. Darüber liegt eine Schicht feinerer Halme und Stengel und manchmal auch Moos. Die Nestmulde ist mit feinstem Pflanzenmaterial, Haaren und Roßhaaren ausgepolstert. Das Nest hat einen Durchmesser von 8,8—13 cm und ist 5,5—8 cm hoch. Die Mulde mißt im Durchmesser 5—8 cm und ist 4—5,5 cm tief. Die über dem Boden liegenden Nester sind gewöhnlich etwas größer als die auf dem Boden. In der Regel brütet die Goldammer zweimal jährlich, in Sonderfällen auch dreimal.

Das Weibchen der Goldammer legt von April bis Juli meistens vier bis sechs Eier, die sehr verschieden gefärbt sind. Die Grundfärbung ist weißlich mit grauem, rötlichem oder bläulichem Ton und darauf liegen zahlreiche braune Flecken und Punkte. Für das Ei der Goldammer sind schwarzbraune, dünne und verstärkte, verschieden gebogene Kapillaren typisch. Das Weibchen beginnt mit Ablage des letzten Eies zu brüten und wird nur zeitweise vom Männchen abgelöst. Nach 11 bis 14 Tagen schlüpfen die Jungen; sie bleiben ebenso lange im Nest. Von beiden Eltern werden sie zuerst mit im Kropf aufgeweichter Nahrung und später von Schnabel zu Schnabel gefüttert. Nach dem Ausfliegen hält die Familie noch ungefähr 10 Tage zusammen.

Rohrammer
Emberiza schoeniclus

Maße:
Durchschnitt 19,7 × 14,7
Maxima 22,1 × 14,5 und 20,5 × 16,0
Minima 17,4 × 13,5
unter Naturschutz

Die Rohrammer ist der Nachbar einiger Rohrsänger-Arten. Sie bewohnt ebenfalls nasse Stellen, Sümpfe und Ufer von Gewässern, die mit verschiedenen Sumpfpflanzen bewachsen sind. Mit Vorliebe siedelt sie in der Übergangszone zwischen dem trockenen Boden und Rohr- oder Schilfwuchs, also in den Ried- und Binsenstreifen. Sie bevorzugt dieses Gebiet vor allem, wenn hier vereinzelt Weiden und andere Gebüsche wachsen.

Die Rohrammer baut ihr Nest auf oder nur wenig über dem Boden. Es ist gut im dichten Gras, Ried, Rohr und ähnlichem versteckt und liegt manchmal auch unten im Gebüsch. Es wird vom Weibchen gebaut und ruht auf einem Gewirr von Pflanzen oder klemmt zwischen Pflanzenstengeln. Der verhältnismäßig lockere Bau besteht aus Stengeln und Blättern, aus Moos und Torfmull und ist innen mit Haaren, Wolle und anderem weichem Material ausgelegt. Viele Nester der Rohrammer sind aber sehr einfach und nicht ausgepolstert.

Von April bis Juli zieht ein Rohrammern-Paar zwei, selten drei Generationen von Jungen auf. Ihr Gelege enthält vier bis sechs Eier, die im Vergleich zu den Eiern anderer Ammern ziemlich dunkel sind. Auf hellbraunem oder graugelbem Grund tragen sie aschfarbene Schalenunterflecken und eine typische braunrote oder braunschwarze Zeichnung aus Flecken, Punkten, haar- und wurmförmigen Gebilden. Das Weibchen brütet 12 bis 14 Tage und wird dabei manchmal vom Männchen abgelöst. Die Jungen bleiben 11 bis 13 Tage im Nest. Wenn sie es verlassen haben, verstecken sie sich noch im Pflanzenwuchs, der das Nest umgibt. Sie werden noch längere Zeit von den Alten gefüttert.

Haussperling
Passer domesticus

Maße:
Durchschnitt 22,5 × 15,7
Maxima   25,3 × 15,00 und 22,4 × 16,6
Minima   19,4 × 15,6 und 20,8 × 13,9

Der Haussperling ist ein Begleiter des Menschen. Er ist überall in menschlichen Ansiedlungen verbreitet, und man kennt ihn sowohl in Einzelhöfen und Dörfern als auch in den Großstädten. Die Sperlinge bauen ihr Nest an den verschiedensten Stellen: unter Gebäudedächern, hinter Regenrohren, an Fassaden, in Nistkästen, in den Nestern der Mehlschwalben, den Nisthöhlen der Uferschwalben, einfach in den verschiedensten Höhlen und Halbhöhlen. Die Nester sind liederliche Haufen aus Stroh, Stengeln, Watte, Lumpen und Federn. Auf Bäumen nisten die Sperlinge anders. Hier bauen sie mächtige Kugelnester mit seitlicher Flugöffnung direkt ins Geäst der Bäume und meistens in sicherer Höhe über dem Boden. Auf einigen Bäumen kann man sogar Dutzende von Sperlingsnestern nebeneinander sehen, die so einer Kolonie von Webervögeln, zu deren Verwandtschaft die Sperlinge gehören, ähneln. Am Nestbau beteiligen sich beide Partner.
Der Sperling nistet gewöhnlich zwei- bis drei-, manchmal sogar viermal jährlich. Eine Brut enthält fünf bis sechs und manchmal bis zu zehn Eier. Die Brutzeit beginnt Anfang oder Mitte April und endet im Juli/August. Die Eier sind auf weißlichem, grünlichem oder bläulichem Grund locker grau bis braun gefleckt oder gewölkt und fein, aber sehr dicht gefleckt. Die Fleckung ist am stumpfen Pol gewöhnlich dichter. Weibchen und Männchen brüten 13 bis 14 Tage. Im Alter von 15 Tagen fliegen die Jungen aus. Von beiden Eltern werden sie zuerst mit zerkleinerten Insekten aus dem Kropf und später mit ganzen Insekten aus dem Schnabel gefüttert.

Feldsperling
Passer montanus

Maße:
Durchschnitt *19,2 × 14,2*
Maxima *22,6 × 13,7 und 19,3 × 15,4*
Minima *16,4 × 13,2 und 17,5 × 13,0*

Im Gegensatz zum Haussperling ist der Feldsperling innerhalb größerer Siedlungen und Städte sehr selten. Er ist bei weitem nicht so an den Menschen gebunden wie sein Verwandter. Er lebt aber auch in alten Gärten, Parks, Alleen, am Rande der Dörfer und Wälder. Er nistet in Höhlungen, vor allem in Bäumen, aber auch in Öffnungen und Hohlräumen des Mauerwerks, in Felsspalten und Lehmwänden, in den Nisthöhlen der Uferschwalben, im Brunnengemäuer, in Nestern größerer Vögel, in Scheunen und mit Vorliebe auch in Nistkästen, die für andere Vögel vorbereitet wurden. Er baut ein typisches Sperlingsnest aus Stroh, Ästchen, Haaren, verschiedenen Fasern und polstert es mit Federn. Ähnlich wie der Haussperling benutzt er die Nester auch außerhalb der Nistzeit als Schlafplatz.

Von Mitte April bis zum August kann der Feldsperling dreimal Junge haben. Zu einer Brut gehören vier bis sechs, maximal zehn Eier mit sehr veränderlicher Färbung. In der Grundfarbe sind sie weißlich, seltener grünlich oder bläulich und haben dichte, braune und graue Flecken. Diese Flecken verbinden sich manchmal zu einer Marmorierung. Nach Ablage des letzten Eies beginnen beide Eltern abwechselnd 13 bis 14 Tage zu brüten. Nach 14 bis 15 Tagen verlassen die Jungen das Nest. Sobald sie selbständig sind und von den Alten nicht mehr gefüttert werden, bilden sie größere Scharen und fliegen zur Futtersuche in die Felder. Der Feldsperling lebt mehr von Insekten als der Haussperling.

Literaturnachweis

Bauer, K. M., Glutz von Blotzheim, U. N., Handbuch der Vögel Mitteleuropas I—IV. Frankfurt/Main 1966—1971

Berndt, R., Meise, W., Naturgeschichte der Vögel. 3 Bde. Stuttgart 1959—1966

Bouchner, M., Barta, D., Taschenatlas der Greifvögel und Eulen. 3. A., Hanau 1985

Černý, W., Welcher Vogel ist das? Kosmos Naturfüher, Stuttgart 1979

Heinroth, O.M., Die Vögel Mitteleuropas, 4 Bände, 2. A. Leipzig und Frankfurt 1966—1968

Makatsch, W., Der Vogel und seine Jungen. Wittenberg/Lutherstadt 1951
Der Vogel und sein Ei. Wittenberg/Lutherstadt 1952
Der Vogel und sein Nest. Wittenberg/Lutherstadt 1953
Wir bestimmen die Vögel Europas. Radebeul und Melsungen 1966
Kein Ei gleicht dem anderen. Radebeul 1967

Niethammer, G., Handbuch der deutschen Vogelkunde I—III. Leipzig 1937—1942, 2. A. Frankfurt 1966

Noll, H., Bestimmungstabelle für Nester und Eier einheimischer Vögel. Basel 1968

Romanoff, A., The Avian Egg. New York 1949

Schönwetter, M., Handbuch der Oologie. Berlin 1960—1969

Stastný, K., Singvögel, Hanau 1980

Stastný, K., Wasservögel, Hanau 1985

Stresemann, E., Aves-Handbuch der Zoologie. Berlin-Leipzig 1927—1934

Verheyen, R., Oologie Belgica. Bruxelles 1967

Welty, J. C., The Life of Birds. Philadelphia — London 1964

Witherby, H. F., Jourdain, F. C. R., Ticehurst, N. F., Tucker, B. W., The Handbook of British Birds I—V. London 1949

Verzeichnis der deutschen Namen

Amsel 160

Baumpieper 192
Bekassine 76
Bläßhuhn 72
Bläßralle 72
Bluthärtling 204
Brachvogel, Großer 78
Braunkehlchen 164
Buchfink 208
Buntspecht 124

Distelfink 202
Dohle 138
Dompfaff 206
Dorngrasmücke 180
Dreizehenmöwe 92
Drosselrohrsänger 174

Edelfasan 68
Eichelhäher 142
Eissturmvogel 48
Eisvogel 120
Elster 140

Feldlerche 126
Feldsperling 218
Fischreiher 52
Flußuferläufer 82
Flußseeschwalbe 94

Gartenbaumläufer 150
Gartenrotschwanz 166
Gebirgsstelze 196
Gimpel 206
Goldammer 212
Grauammer 210
Graureiher 52
Grauschnäpper 188
Großer Brachvogel 78

Grünling 200
Grünspecht 122

Hänfling 204
Haubentaucher 44
Hausrotschwanz 168
Haussperling 216
Heckenbraunelle 190
Höckerschwan 60
Hohltaube 104

Jagdfasan 68

Kiebitz 74
Kleiber 152
Kohlmeise 144
Kormoran 50
Krickente 56
Küstenseeschwalbe 96

Lachmöwe 90

Mauersegler 118
Mantelmöwe 84
Mäusebussard 62
Mehlschwalbe 130
Misteldrossel 156
Mönchsgrasmücke 178

Nachtigall 170

Rabenkrähe 134
Rauchschwalbe 128
Reiherente 58
Ringeltaube 106
Rohrammer 214
Rotkehlchen 172
Rotschenkel 80

Saatkrähe 136

Schafstelze 194
Schleiereule 110
Schwanzmeise 148
Schwarzdrossel 160
Silbermöwe 86
Singdrossel 158
Spechtmeise 152
Sperber 64
Star 198
Steinkauz 112
Steinschmätzer 162
Stieglitz 202
Stockente 54
Sturmmöwe 88

Tannenmeise 146
Teichhuhn 70
Teichralle 70

Teichrohrsänger 176
Tordalk 100
Trottellumme 102
Turmfalke 66
Turteltaube 108

Uferschwalbe 132

Waldkauz 114
Waldlaubsänger 184
Wintergoldhähnchen 186

Zaunkönig 154
Ziegenmelker 116
Zilpzalp 182
Zwergseeschwalbe 98
Zwergtaucher 46

Verzeichnis der wissenschaftlichen Namen

Acanthis cannabina 204
Accipiter nisus 64
Acrocephalus arundunaceus 174
Acrocephalus scirpaceus 176
Aegithalos caudatus 148
Alauda arvensis 126
Alca torda 100
Alcedo atthis 120
Anas crecca 56
Anas platyrhynchos 54
Anthus trivialis 192
Apus apus 118
Ardea cinerea 52
Athene noctua 112
Aythya fuligula 58

Buteo buteo 62

Caprimulgus europaeus 116
Carduelis carduelis 202
Carduelis chloris 200
Certhia brachydactyla 150
Columba oenas 104
Columba palumbus 106
Corvus corone corone 134
Corvus frugilegus 136
Corvus monedula 138
Cygnus olor 60

Delichon urbica 130
Dendrocopus major 124

Emberiza calandra 210
Emberiza citrinella 212
Emberiza schoeniclus 214
Erithacus rubecula 172

Falco tinnunculus 66
Fringilla coelebs 208

Fulica atra 72
Fulmarus glacialis 48

Gallinago gallinago 76
Gallinula chloropus 70
Garrulus glandarius 142

Hirundo rustica 128

Larus argentatus 86
Larus canus 88
Larus marinus 84
Larus ridibundus 90
Luscinia megarhynchos 170

Motacilla cinerea 194
Motacilla flava 192
Muscicapa striata 188

Numenius arquata 78

Oenanthe oenanthe 162

Parus ater 146
Parus major 144
Passer domesticus 216
Passer montanus 218
Phalacrocorax carbo 50
Phasianus colchicus 68
Phoenicurus ochruros 168
Phoenicurus phoenicurus 166
Phylloscopus collybita 182
Phylloscopus sibilatrix 184
Pica pica 140
Picus viridis 122
Podiceps cristatus 44
Podiceps ruficollis 46
Prunella modularis 190
Pyrrhula pyrrhula 206

Regulus regulus 186
Riparia riparia 132
Rissa tridactyla 92

Saxicola rubetra 164
Sitta europaea 152
Sterna albifrons 98
Sterna hirundo 94
Sterna paradisaea 96
Streptopelia turtur 108
Strix aluco 114
Sturnus vulgaris 198
Sylvia atricapilla 178

Sylvia communis 180

Tringa hypoleucos 82
Tringa totanus 80
Troglodytes troglodytes 154
Turdus merula 160
Turdus philomelos 158
Turdus viscivorus 156
Tyto alba 110

Uria aalge 102

Vanellus vanellus 74